Capitaine M. SAILLENS

CAMPAGNE DE CHINE

(Mai à Septembre 1900)

JOURNAL D'UN OFFICIER

NOMBREUSES GRAVURES DANS LE TEXTE

PARIS
Henri CHARLES-LAVAUZELLE
Éditeur militaire
10, Rue Danton, Boulevard Saint-Germain, 118
(MÊME MAISON A LIMOGES)

CAMPAGNE DE CHINE

(Mai à Septembre 1900)

Lieutenant M. SAILLENS

Campagne de Chine

(Mai à Septembre 1900)

JOURNAL D'UN OFFICIER

PARIS
HENRI CHARLES-LAVAUZELLE
Éditeur militaire
10, Rue Danton, Boulevard Saint-Germain, 118

(MÊME MAISON A LIMOGES)

DÉDICACE

Aux familles des capitaines Hilaire, Labrousse, lieutenants Piquerez, de Battisti, enseigne de vaisseau Henry, sous-lieutenant Contal, aspirant Herber,

Aux parents de tous les braves marsouins, marins et artilleurs de marine qui, pour la gloire de la France, la renommée des troupes de la marine, sont morts au champ d'honneur sur la terre du Pet-Chi-Li,

Nous dédions ce modeste recueil, récit fidèle des exploits accomplis et des souffrances endurées par les soldats d'avant-garde du corps expéditionnaire français de Chine.

Tien-Tsin, le 25 janvier 1901.

M. SAILLENS.

EXTRAITS D'ORDRES GÉNÉRAUX

Vous conserverez religieusement votre esprit de corps ; il fera votre force ; vous vous souviendrez aussi que vous devez tout votre dévouement fraternel à tous vos camarades du corps expéditionnaire sans distinction d'arme ou de service.

Vous allez vous trouver à côté des corps expéditionnaires

Remise du drapeau du 16e par le général Voyron avant le licenciement des troupes françaises d'avant-garde (octobre 1900).

appartenant à d'autres nationalités, vous serez pour leurs soldats des compagnons d'armes loyaux, courtois, dévoués à l'œuvre commune...

(Extrait de l'ordre du général commandant en chef n° 11, du 21 septembre 1900.)

Vous allez être appelés à combattre côte à côte avec des troupes des principales armées du monde entier ; n'oubliez pas que vous représentez la France et que le soldat français a toujours été le premier parmi les plus braves.

Vous avez encore à montrer à l'armée de terre, dans laquelle vous allez être très prochainement incorporés, que les troupes de la marine ne le cèdent en rien aux meilleures troupes et qu'elles apportent avec elles une large moisson de gloire.

Vous vous devez à vous-mêmes de jeter un dernier reflet d'héroïsme, au moment où ils vont disparaître, sur les noms d'infanterie et d'artillerie de marine qui ont été illustrés sur toutes les parties du monde.

La confiance dans les chefs ne s'impose pas ; vous verrez les vôtres à l'œuvre...

(Extrait de l'ordre n° 1 du colonel de Pélacot en date du 10 juillet 1900.)

AVANT-PROPOS

Nous inspirant des nobles conseils que, dans leur amour de l'arme, nos chefs ont bien voulu nous donner par les ordres généraux dont nous venons de citer des extraits, nous avons voulu fixer le souvenir de la période qui, allant de la fin mai à la fin septembre 1900, caractérise la dernière campagne de Chine à laquelle ont pris part, pour la défense d'intérêts communs, les principales nations de l'Europe, l'Amérique et le Japon.

Entreprendre de passer en revue d'une façon minutieuse le rôle de chacune des armées alliées ayant pris une part effective aux opérations ne nous a pas paru possible à l'heure où nous nous sommes proposé d'entreprendre cette étude.

Notre but a été de faire connaître, de noter d'une manière scrupuleuse, quelle est la part prise par les troupes françaises de la marine dans la répression de l'insurrection qui a amené l'Europe coalisée à débarquer des troupes en Chine, tout en indiquant le rôle des autres troupes alliées dans les différentes opérations.

Pour ce faire et rendre notre travail le plus homogène possible, nous avons choisi la forme du journal de marche, c'est-à-dire que les événements s'y déroulent dans l'ordre chronologique.

Les faits qui appartiennent au domaine des opérations militaires proprement dites y sont consignés avec le plus de détails possible en ce qui concerne les troupes françaises : marins, soldats d'infanterie et d'artillerie de marine.

Ceux qui, aux mêmes dates, pour les mêmes combats ou marches, se rapportent aux troupes alliées y sont indiqués sommairement.

Nous n'indiquerons que pour mémoire les questions qui se rattachent au domaine politique, — il est des sacrifices qu'un soldat doit savoir consentir, — nous nous abstiendrons donc de tout commentaire qui pourrait paraître déplacé.

Nous nous sommes efforcé de faire ressortir clairement, au moyen de croquis numérotés et de photographies, le théâtre sur lequel les opérations se sont déroulées ainsi que les physionomies de soldats étrangers au milieu desquels les Français ont vécu.

Dans le but de mettre en évidence les sacrifices, les souffrances endurées par les troupes françaises d'avant-garde, nous nous sommes livré à des statistiques minutieuses au point de vue pertes : tués, blessés, décédés des suites de blessures ou de maladies résultant des fatigues de la campagne, évacués ou hospitalisés.

La comparaison des effectifs en officiers et troupes de toutes armes au début des opérations, avec les chiffres des existants propres au service actif au lendemain de la prise de Pékin, ou plutôt à la fin de septembre, dira clairement à quel prix a été acquise la part de gloire qui revient aux troupes françaises de la marine dans cette campagne de cent cinquante-deux jours.

Nous nous sommes appliqué à rendre notre travail à la fois instructif et agréable, ne réclamant de la part de ceux qui nous feront l'honneur de nous lire que beaucoup d'indulgence si, à notre grand regret, nous n'avons pu donner plus d'intérêt à notre étude, et de croire que tout ce qui est exposé et raconté a été vécu et vu par l'auteur ou que ce dernier le tient de camarades qui, lorsqu'il n'a pu les suivre dans la marche en avant, ont bien voulu, après la prise de Pékin, lui faire part de leurs impressions sur les faits de guerre et de leurs opinions sur les troupes alliées.

CAMPAGNE DE CHINE

(Mai à Septembre 1900)

Ire PARTIE

CAUSES DE LA GUERRE

Bien que la question ait été longuement et judicieusement traitée en ces temps derniers par des publicistes compétents, nous croyons devoir donner comme exposé à notre journal ce que nous savons des motifs qui ont amené les puissances européennes à débarquer des troupes au Pet-Chi-Li pour réparer l'atteinte portée au droit des gens par les Chinois.

Quel est le point de départ, à quelle époque remonte la querelle qui, en ces cinq dernières années surtout, a troublé si profondément l'état social de la Chine et a mis aux prises le gouvernement du Céleste Empire avec l'Europe coalisée?

Si on s'en tient exclusivement aux divers événements qui se sont déroulés en Chine depuis la guerre sino-japonaise, il semble que le mouvement insurrectionnel qui vient d'être réprimé n'ait été qu'une manifestation du mécontentement de la Chine qui, par suite des concessions territoriales et politiques qu'elle venait récemment de consentir malgré elle, s'était crue profondément blessée et humiliée dans son orgueil et ramenée à un rang inférieur comme puissance, par le morcellement de son territoire, alors qu'elle s'est toujours considérée comme au premier rang des nations, étant le plus grand des empires.

Il y a autre chose, à notre avis. Sous ces apparences de chauvinisme et d'intégrité se cachent d'autres maux qui depuis longtemps agitent ce vieux pays. Ces troubles profonds sont la conséquence du progrès, qui partout en Chine grandit et s'impose, alors que les partis dont la politique est le maintien des vieilles traditions cherchent à s'opposer à l'infiltration dans l'empire des idées nouvelles et des coutumes des peuples occidentaux.

Ce qui nous paraît avoir amené la guerre, c'est que le parti vieux-chinois, composé de tous les lettrés et mandarins influents, partisans du maintien absolu de la dynastie dans ce qu'elle a de défectueux ou contraire à nos institutions et de haine pour l'Européen, l'a emporté sur la société nouvelle.

Celle-ci, cependant, grandit et aura raison tôt ou tard de cette masse d'ignorants et de puissants aux idées étroites, parce qu'elle est, comme l'ont été les autres puissances, entraînée par le progrès.

Il a fallu au gouvernement chinois, à cette masse réfractaire de mandarins oppresseurs :

D'abord, un instrument pour combattre les idées de progrès, de civilisation que depuis des siècles nos missionnaires s'efforcent (par des procédés dont on les croirait seuls juges) de répandre dans l'empire.

Pour ce premier besoin, la Chine a eu de tout temps ses philosophes intransigeants, ses congrégations, son culte des ancêtres ;

Ensuite, quand les révoltes éclatent, des mains armées pour défendre leurs privilèges, rétablir l'ordre ou chasser l'étranger, auteur, à leurs yeux, de tout ce qui trouble l'état naturel des choses en Chine, leur quiétude, ou affecte le rendement de leurs revenus.

Pour cette deuxième cause, la plus récente, celle qui a motivé précisément la dernière campagne de Chine, le vieux parti chinois, de connivence avec le gouvernement, a armé l'une de ces congrégations de ces sociétés secrètes, celle des I-Ho-Kien (Juste réunion du Poing) ou Boxeurs.

Cette société, née au lendemain des affaires de Kiao-Tchéou, dans la province du Chan-Toung, au berceau même du grand philosophe Confucius, a vu le nombre de ses adeptes grossir dans des proportions inquiétantes pour le gouvernement de Kuang-Su lui-même et de l'impératrice surtout, partisans un moment des réformes.

Le gouvernement chinois, bien qu'il ait, par ses menées politiques, fait croire qu'il n'était pour rien dans la dernière révolte, s'est servi de ces fameux « Boxeurs », en les doublant des troupes régulières pour essayer de se tirer d'affaire, car un commencement de révolte, qui visait directement le parti des réformateurs, s'était produit il y a quelques années déjà.

Le gouvernement chinois donc était enchanté de ce mouvement populaire qui, au cas où il aurait réussi, eût été favorable à la dynastie et eût rempli le but proposé contre les étrangers en sauvant la face.

Nous ne chercherons pas à dépeindre l'organisation des sectes, ni n'essaierons de raconter comment vit celle des « Boxeurs » (partisans du Poing ferme, Grands-Couteaux), et autres dénominations qui n'ont de sens logique que pour les Chinois enrôlés dans cette secte. Constatons seulement qu'elle existe. Quant aux qualités de ces fanatiques au point de vue guerrier, nous aurons le loisir de les apprécier au cours des récits de la campagne.

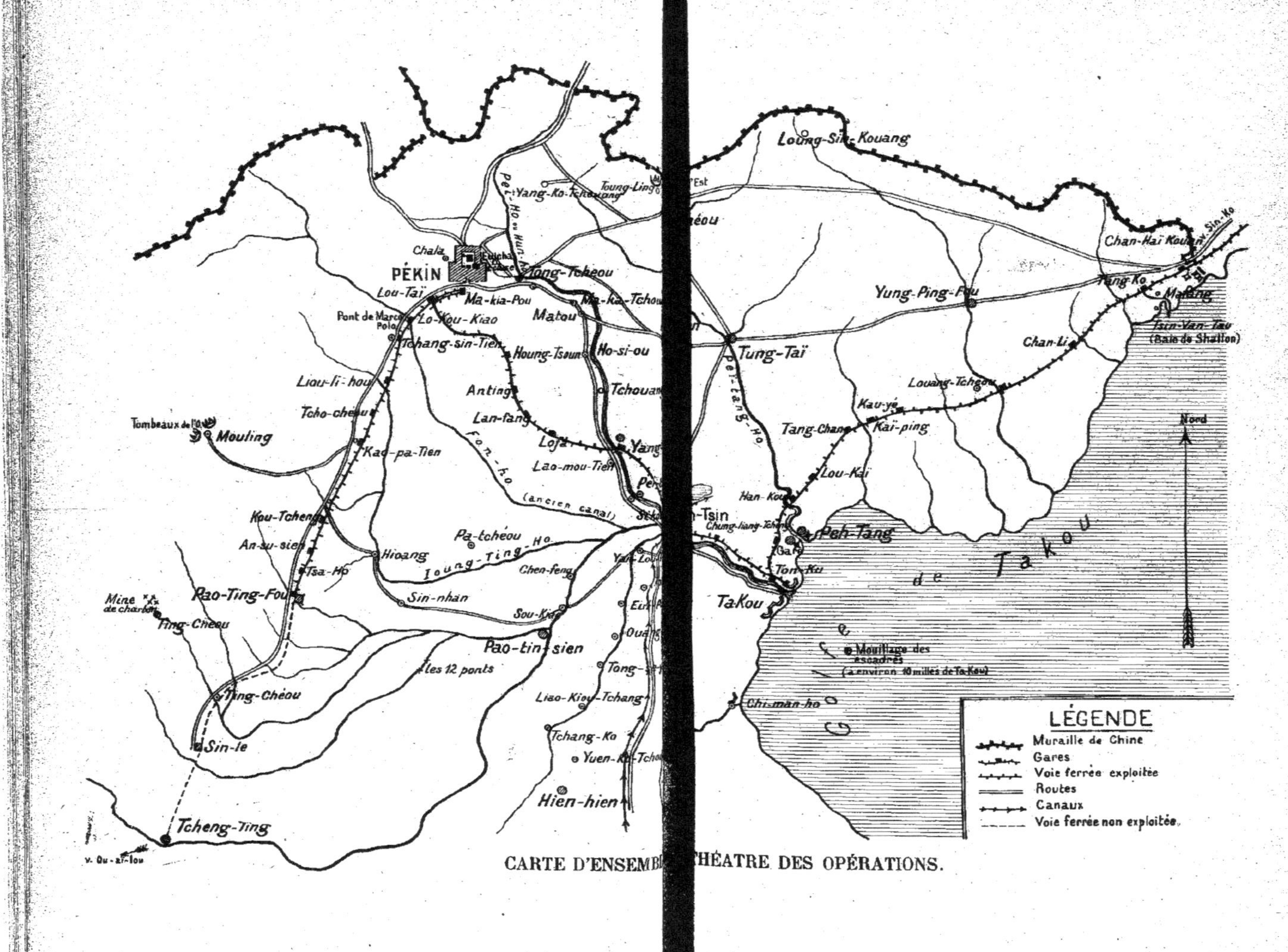

CARTE D'ENSEMB THÉATRE DES OPÉRATIONS.

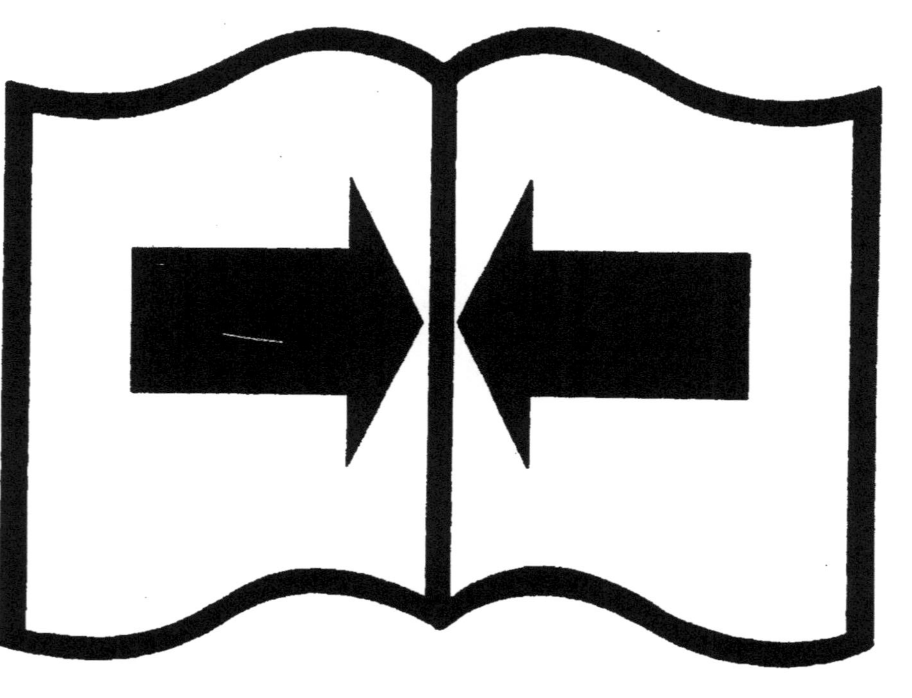

Reliure serrée

CHAPITRE Ier

Premiers troubles. — Leur nature. — Trois petites colonnes de secours (volontaires). — Colonne Seymour (du 16 au 26 juin).

Le 12 mai 1900, le signal de la révolte était donné dans le Pet-Chi-Li.

Le massacre de 80 chrétiens à Kao-Lo (sud-ouest de Tcheng-Ting), où la fureur des Boxeurs se manifesta dans tout ce qu'elle a de répugnant, de sauvage, eût son écho dans toutes les chrétientés. Celles-ci furent immédiatement mises en état de défense par les missionnaires aidés de leurs chrétiens.

Ce massacre fut comme un démenti formel aux nouvelles rassurantes envoyées aux gouvernements par les ambassadeurs, mal informés sans doute ou trop confiants dans les dires du Tsong-Li-Yamen.

De Kao-Lo à Pao-Ting-Fou ce fut comme une traînée de poudre.

Aucun des villages comptant des adeptes chrétiens ne fut épargné par les Boxeurs, qui s'organisèrent en deux colonnes principales, allant l'une du sud au nord, l'autre couvrant Pao-Ting-Fou et agissant au sud-ouest de Tien-Tsin.

Les rebelles, après avoir jeté l'alarme à Pao-Ting-Fou, le 26 mai, en incendiant la gare et le quartier européen, heureusement abandonné la veille, arrivèrent aux portes de Pékin le 29 mai. La voie ferrée avait été rendue impraticable sur une longueur de 180 kilomètres, de Sin-Lé à Ma-Kia-Pou (gare de Pékin).

La première masse de rebelles chassa devant elle tout le personnel européen du chemin de fer compris dans

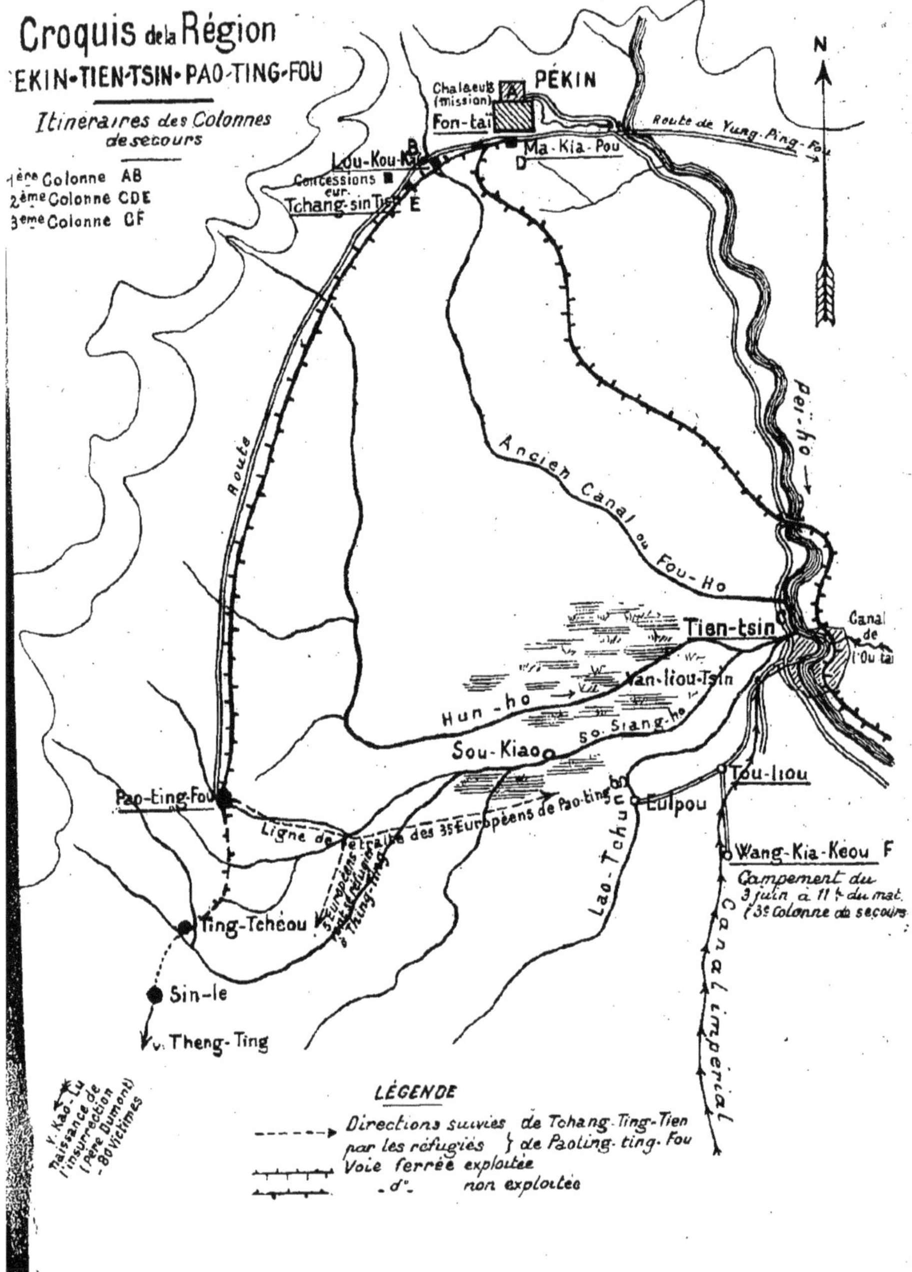
Croquis de la Région
EKIN-TIEN-TSIN-PAO-TING-FOU
Itinéraires des Colonnes de secours
1ère Colonne AB
2ème Colonne CDE
3ème Colonne CF
N
PÉKIN
(mission)
Fon-taï
Ma-Kia-Pou
Lou-Kou-K
Concessions eur.
Tchang-sin-Tien
Route de Yung-Ping-Fou
Route
Ancien Canal ou Fou-Ho
Peï-ho
Tien-tsin
Canal de l'Ou tai
Van-liou-Tsin
Hun-ho
So. Siang-ho
Sou-Kiao
Tou-liou
Eulpou
Pao-ting-Fou
Ligne de retraite des 35 Européens de Pao-ting
Lao-Tchun
Wang-Kia-Keou F
Campement du 3 juin à 11h du mat. (3e Colonne de secours)
Canal impérial
Ting-Tchéou
Sin-le
v. Theng-Ting
v. Kao-Lu naissance de l'insurrection (père Dumont) 80 victimes
LÉGENDE
Directions suivies par les réfugiés } de Tchang-Ting-Tien } de Paoting-ting-Fou
Voie ferrée exploitée
d° non exploitée

le secteur Tchang-Sin-Tien - Pékin, sans pouvoir l'atteindre cependant.

La deuxième masse, qui se forma aux environs de Pao-Ting-Fou, réussit à talonner les 35 Européens, qui abandonnèrent Pao-Ting-Fou le 25 mai, et purent en grande partie gagner Tien-Tsin par la rivière et le canal Impérial, après une marche pénible de neuf jours. Au cours de cette retraite honorable, cinq Européens furent victimes des coups des rebelles; cinq autres réussirent à gagner Tcheng-Ting, au sud de Pao-Ting-Fou. Le reste arriva à Tien-Tsin, dans le plus grand désordre, du 1er au 5 juin.

La rentrée subite à Pékin, de la première partie des réfugiés de la ligne de Pao-Ting-Fou, qui, les 27 et 28 mai, avaient vu successivement incendier les gares de Tchang-Sin-Tien, l'arsenal de Lou-Kou-Kiao, détruire la voie ferrée derrière eux, talonnés jusqu'à Fon-Taï (point de bifurcation de la ligne de Pao-Ting-Fou avec celle de Takou - Pékin), ne se fit pas sans troubler le repos des ministres européens.

Première colonne de secours.

Une quinzaine de volontaires, recrutés dans le personnel des légations, s'organisèrent en petite colonne de secours, dès les premiers bruits alarmants.

Cette colonne quitta Pékin le 29 mai au petit jour pour aller au secours des réfugiés arrivés en partie la veille à Fon-Taï, et les ramener aux légations le soir du même jour, sains et saufs. Quelques coups de feu furent tirés sur eux dans les faubourgs à la rentrée.

Ces mêmes volontaires portèrent secours le lendemain aux sœurs de la mission de Chala-Eul (ouest de Pékin), ainsi qu'aux missionnaires, qui abandonnèrent l'ancien Pé-Tang pour se réfugier dans le nouvel évêché.

Deuxième colonne de secours.

Dans le même but de porter secours aux réfugiés européens de Tchang-Sin-Tien, une colonne de secours, composée de volontaires recrutés parmi la population civile de Tien-Tsin, se forma le 29 mai et s'embarqua ce jour-là pour Pékin, vers 2 heures du soir, sur un train spécial qui les mena à Ma-Kia-Pou.

La petite colonne coucha à la gare de Ma-Kia-Pou, à côté des réguliers chinois qui la gardaient. Personne ne fut inquiété.

Le 30 mai, vers 4 h. 30 du matin, la colonne se mit en route sur Tchang-Sin-Tien, à pied. Les volontaires longèrent la voie, fortement détériorée. Toutes les maisons qui touchent la voie étaient détruites ainsi que les ponts.

La marche fut pénible ; il faisait affreusement chaud.

La colonne arriva à Tchang-Sin-Tien vers 9 heures du matin. Elle trouva la gare et la concession européenne en ruines, fit demi-tour pour regagner Fon-Taï, où elle arriva vers 2 heures du soir, sans avoir été inquiétée.

La petite troupe quitta Fon-Taï, où la population commençait à se montrer hostile. Un train les débarquait à Tien-Tsin vers 4 heures du soir, le 30 mai, sans nouvelles des réfugiés au secours desquels ils étaient venus.

Les actes de brigandage et de cruauté qui se commettaient autour de Pékin amenèrent les ministres à faire des remontrances au Tsong-Li-Yamen. On demanda au gouvernement chinois quelles mesures il comptait prendre pour arrêter l'insurrection.

Mgr Favier chercha à protéger ses chrétientés en demandant l'appui des réguliers contre les Boxeurs.

A ces remontrances, à ces demandes, la cour répondit en faisant garder militairement la voie ferrée Pékin-Takou, surtout Tien-Tsin-Takou, où elle échelonna de forts postes de réguliers.

C'était une bonne affaire pour le gouvernement chinois qui, sous le faux prétexte de secourir les Européens, plaçait ainsi ses troupes régulières d'avant-garde, son intention nette étant bien, au moment voulu, d'employer cette force contre les Européens. Ce jeu fut découvert la veille du bombardement des forts de Takou, le 16 juin.

L'effervescence grandissait partout, les faubourgs de Pékin étaient en flammes; les ministres firent alors appel aux troupes de débarquement disponibles, en rade de Takou.

C'est alors qu'un détachement de trois officiers de marine et de 75 marins français monta à Pékin, pour constituer la garde des Légations et du Pétang.

Le capitaine de vaisseau de Marolles groupa à Tien-Tsin les troupes françaises de marine disponibles et les prépara pour se rendre à Pékin au premier signal.

L'amiral Courrejolles fit appel aux divers bâtiments de l'escadre d'Extrême-Orient pour former un premier noyau de troupes de débarquement.

Quelques navires de guerre, stationnés dans les eaux du Japon, reçurent l'ordre de rejoindre à Takou pour y former un deuxième groupe de marins (réserve).

Les amiraux des autres puissances agirent dans le même sens.

Nous sommes arrivés à la veille de la préparation de la colonne Seymour.

Signalons, pour ne pas laisser passer inaperçus des dévouements précieux à cette heure, où tant d'indécision régnait dans la direction des affaires à Pékin et à Tien-Tsin, l'acte de dévouement d'une troisième petite colonne de volontaires organisée à Tien-Tsin pour essayer cette fois de secourir les réfugiés de Pao-Ting-Fou en marche depuis le 25 mai sur Tien-Tsin, par la rivière de Hu-Ho et le canal du Sud.

Troisième colonne de secours.

Trois groupes de volontaires de toute nationalité s'étaient constitués à Tien-Tsin, le 2 juin, pour aller audevant des réfugiés de Pao-Ting-Fou.

Ces groupes partirent à des heures différentes le même jour : le premier partit à midi, le deuxième à 6 heures du soir. Ces deux groupes, étant à pied, ne purent pousser bien loin dans la direction sud-ouest. Ils rentrèrent dans la nuit du 2 juin.

Le troisième groupe, le plus nombreux, comprenant une vingtaine de Cosaques et deux officiers russes qui s'étaient joints à une quinzaine de volontaires de la population de Tien-Tsin, quitta la ville vers 7 heures du soir. Tout le monde était à cheval.

Partie dans la soirée du 2 juin, cette colonne était dirigée par le capitaine russe Netcholodoff.

Elle longea le canal Impérial. Arrivée à Yang-Liou Tsin, vers 1 heure du matin, le 3 juin, elle repartit deux heures après, brûla l'étape de Tou-Liou, dans la fièvre d'arriver à Wang-Kia-Ko, où l'on espérait rencontrer les réfugiés.

La petite troupe arriva à Wang-Kia-Ko le 3 juin, vers 11 heures du matin, après une marche rapide, dans un terrain difficile, par une forte chaleur. La colonne avait fait 60 kilomètres environ.

Il fut impossible de recueillir le moindre renseignement sur le passage des réfugiés ou sur les mouvements des Boxeurs dans cette région.

Les apparences d'hostilité qui, au passage de la petite

colonne à Tou-Liou, n'étaient pas tout à fait accusées, devinrent très visibles à Wang-Kia-Ko, dès que les volontaires demandèrent le nécessaire pour les chevaux et la préparation d'un repas sommaire.

Vers midi, au moment où la petite colonne se disposait à passer l'eau (canal Impérial), pour pousser encore vers Pao-Ting-Fou, une grande rumeur se manifesta autour de la petite troupe.

Une masse de Boxeurs, venant du sud et de l'ouest, envahit subitement le village, au sud duquel la colonne avait fait la grand'halte et se fractionna en deux paquets de 80 hommes chacun, marchant vers la direction de Tien-Tsin, pour barrer la route à la colonne.

La petite troupe se ressaisit vite. Les chevaux sont remis en main, et, renonçant à poursuivre sa route vers l'ouest, la colonne se dirige vers Tien-Tsin. En bon ordre, le premier groupe de Boxeurs qui se présenta sur la route fut chargé et dispersé. Très peu, parmi les Boxeurs de ce groupe, avaient des fusils. La majeure partie avaient de grands couteaux. Les cosaques ne leur donnèrent pas le temps de s'en servir. Aucun cavalier ne fut atteint par les coups de feu.

Quelques centaines de mètres plus loin, le deuxième groupe de rebelles se présenta, décidé à engager le combat.

Cette fois, le signal de la charge fut donné par un formidable hourrah ! qui finit avec la mêlée, à l'issue de laquelle les Européens eurent quatre blessés : un officier russe, un docteur français, deux Cosaques.

Jugeant inutile de repartir vers l'ouest, la petite colonne se reforma en bon ordre, installa ses blessés graves sur des brancards improvisés et reprit sa marche sur Tien-Tsin, où elle arriva le 3 juin, vers 11 heures du soir, sans avoir été inquiétée.

Depuis que les derniers réfugiés de la ligne de Pao-

Ting-Fou ont rejoint, les uns Pékin, les autres Tien-Tsin; que le gouvernement chinois, faisant prodige de ruse, a consenti à éparpiller quelques réguliers sur la voie ferrée Pékin - Tien-Tsin - Takou, renforcé la garde des forts de Takou et promis aux ministres d'envoyer des réguliers pour secourir les missionnaires, les événements se sont précipités, le désordre a pris le dessus dans le parti chinois, à la cour.

Les tueries de chrétiens continuent, se propagent du sud au nord.

Le gouvernement s'efface. L'orage monte menaçant.

Les ambassadeurs, sentant le danger, demandent aux amiraux de faire leur possible pour renforcer les troupes des Légations et des Consulats.

A Tien-Tsin, un conseil de guerre se réunit.

La France est représentée par le capitaine de vaisseau de Marolles. Il est décidé que chaque puissance enverra d'urgence à Pékin, pour la défense des Légations, ce qu'elle pourra réunir de soldats sur place ou en rade de Takou. Ces troupes réunies seront placées sous la direction générale de l'amiral anglais Seymour.

Le 5 juin, l'ordre est lancé aux escadres de se réunir en rade de Takou.

Commencés le 8 juin, le rassemblement et l'organisation de la colonne sont terminés à Tien-Tsin le 10 au soir.

Pendant que la colonne Seymour s'organise, les télégrammes arrivent de Pékin, de plus en plus alarmants, pressants.

« Dépêchez ou arriverez trop tard, écrit sir Claude Macdonald au commandant de la colonne, nous sommes trahis, le sol tremble sous nos pas à Pékin. Ce n'est pas une révolte dont les horreurs se propagent; c'est une révolution qui se prépare contre les étrangers. »

La colonne, les secours réclamés à grands cris arrivèrent trop tard, en effet..., ou plutôt n'arrivèrent pas du tout; hélas! Les événements s'étaient précipités en quarante-huit heures.

Le 11 juin, les faubourgs de Pékin étaient en feu. Les Légations et le Pétang s'organisaient défensivement. Les ministres et tous les Européens de Pékin étaient coupés de Tien-Tsin le matin même du jour où la colonne Seymour quittait cette ville pour Pékin.

Examinons de quoi se composait cette colonne, ce qu'elle fit pour atteindre le but proposé, et comment se déroulèrent les faits qui, après son départ, décidèrent de la prise des forts de Takou et amenèrent les premières troupes alliées sous les murs de Tien-Tsin, où elles subirent le siège, et allèrent dicter la paix à Pékin.

Composition de la colonne Seymour.

NATURE DES TROUPES.	EFFECTIFS.	CANONS.
Anglaises. . .	720	2 Hothckiss.
Allemandes. . .	350	1
Russes. . .	300	2
Françaises. . .	160	1 (1)
Japonaises. . .	300	1
Italiennes. . .	120	»
Américaines. . .	150	»
Autrichiennes. .	25	»
Au total	2125	7

Munitions. — A peu près 200 cartouches par fusil. Pas de réserve de munitions.

Vivres. — Trois jours.

Moyens de transport. — Néant : Les officiers et les hommes avaient tous leurs bagages. On comptait arriver à Pékin sans encombre. Pas d'attelages pour les canons.

(1) Sous les ordres du capitaine de vaisseau de Marolles. — Avec 5 officiers de marine.

L'opération commença le 11 juin.

Quatre trains quittèrent Tien-Tsin dans la journée. Les puissances s'étaient groupées par sympathie.

Ayant appris, avant de partir, que les communications télégraphiques étaient coupées avec Pékin, on avait disposé, en tête et en queue des trains, des mâts de signaux pour la transmission des ordres.

En cas d'attaque, chaque train avait en tête et en queue une ou plusieurs pièces de petite artillerie.

Les mécaniciens chinois ayant refusé de monter sur les locomotives, les trains furent conduits par des Européens.

Le train anglais ouvrit la marche le matin. Le train franco-russe se forma l'après-midi.

Les quatre trains se trouvèrent réunis avant la nuit au-delà de Yang-Tsoun, vers Lofa, où des dispositions furent prises pour la nuit.

Quelques coups de feu furent tirés sur les trains pendant la marche.

Chaque train assura sa garde de nuit en détachant des petits postes sur les flancs de la voie ferrée.

Une fatale méprise de la part des troupes anglaises, qui prirent les Russes pour des Boxeurs, eut lieu ce jour-là. Ils tirèrent la nuit sur une corvée d'eau, fournie par les Russes. Ces derniers eurent huit blessés, dont trois mortellement.

Le 12 juin, le convoi des quatre trains se mit en route. Un peu au delà de Lofa, un fort parti de Boxeurs attaqua en tête et en queue, sans méthode.

Les fanatiques, mal armés pour le plus grand nombre, se faisaient tuer presque sur la voie ferrée. Les Alliés eurent quatre tués et vingt blessés quand le convoi stoppa près de Lang-Fang, le soir, après une marche lente. Les Boxeurs acharnés détruisirent la voie en vue des troupes et sous leur feu. (Voir croquis d'ensemble, pages 16 et 17.)

Du 13 au 17 juin la situation se complique ; on s'aperçoit que l'on est coupé de partout.

La présence des réguliers parmi les Boxeurs est constatée. Les rebelles fanatisés obligent les troupes alliées à quitter le convoi en grande partie pour les repousser en rase campagne, d'où ils reviennent afin d'essayer de surprendre les petits postes et incendier les trains.

Le convoi avance péniblement. Il faut travailler à la voie pour pouvoir, le 17, arriver à An-Ting, où tout est détruit.

Depuis cinq jours il faut surmonter de grandes difficultés. Les uns font le coup de feu tandis que d'autres réparent la voie. L'acharnement de l'ennemi, qui se rend bien compte que les Alliés sont dans l'impossibilité d'avancer, redouble chaque jour. Les troupes régulières se montrent plus nombreuses aussi.

D'un autre côté, les vivres vont manquer et le nombre des tués et blessés augmente. Il faut les protéger, ainsi que l'impédimenta des bagages et de l'artillerie, que l'on doit traîner à bras faute de chevaux.

Devant ces difficultés, l'amiral Seymour, après entente avec les représentants des troupes alliées, décide de se replier sur Yang-Tsoun pour s'y refaire et, de là, si possible, reprendre la marche sur Pékin par voie de terre.

Le 21 juin, à Yang-Tsoun, où une partie du convoi fut ramenée, l'impossibilité absolue d'aller de l'avant ayant été constatée, il fut décidé que la colonne rentrerait à Tien-Tsin. Les malades, les tués ou blessés seraient transportés sur des jonques que l'on escorterait.

Depuis quelques jours les hommes se nourrissaient

de riz cuit à l'eau du Peï-Ho. Le nombre d'indisponibles était porté à environ deux cents à cette date.

La marche rétrograde commença le 22 juin au matin.

Ce dut être un terrible crève-cœur pour tous, officiers et soldats, que d'avoir à se retirer devant des Chinois à qui, malgré tout, on dût abandonner une grande partie du matériel dont disposait la colonne.

Encloués ou brisés, six canons furent sacrifiés, enfouis ou jetés au Peï-Ho. Seule la pièce de marine française échappa à ce sort. Elle marchera à l'arrière-garde désormais, confiée au courage du détachement de marins français, qui réclament l'honneur de se retirer les derniers en couvrant la retraite.

Après une marche rétrograde de quatre jours la colonne arriva en vue de l'arsenal de Si-Kou. Le fort central le plus rapproché du fleuve fut enlevé et l'on put se refaire en attendant les secours de Tien-Tsin.

La colonne Seymour avait été coupée de Tien-Tsin dès le 12 juin, et les faubourgs des concessions incendiés en partie.

De Yang-Tsoun à Si-Kou la marche rétrograde fut excessivement pénible et lente, le nombre de malades grossissant tous les jours. Il fallut des prodiges de dévouement pour défendre les malheureux tués et blessés contre la fureur des Boxeurs qui rôdaient surtout la nuit sur les rives du Peï-Ho, dans le but d'inquiéter le convoi des malades.

La colonne rencontra de l'opposition dans tous les villages le long du fleuve.

Réguliers chinois et Boxeurs, battus dans un village, se repliaient méthodiquement sur un autre pour barrer la route. Ils retardèrent beaucoup la marche en occupant les positions favorables dans les défilés ou les faubourgs. La résistance fut particulièrement marquée au groupe de villages de Pei-Tsang. On dut enlever ces hameaux à la baïonnette sous un feu nourri et souvent meurtrier.

Une colonne russe de deux régiments et une batterie se porta au secours des débris de la colonne Seymour.

Dès que les Cosaques et les tirailleurs se montrèrent en vue de Si-Kou, la masse des rebelles qui bloquait l'arsenal se dispersa. Le combat fut de courte durée, tant la cavalerie cosaque chargea avec vigueur. Les troupes russes combattaient depuis leur arrivée et avaient tour à tour défendu et dégagé la plus grande partie des faubourgs de Tien-Tsin au nord et à l'est de la ville.

Ce secours inespéré sauva la situation.

Le soir du 26 juin, après avoir fait sauter une partie des munitions de l'arsenal de Si-Kou, la colonne, avec le convoi de près de 300 malades ou blessés, entrait à Tien-Tsin, protégée par les Russes et ce qui restait encore de valide parmi les troupes d'arrière-garde.

Durant cette colonne, les Français eurent vingt marins blessés. Plusieurs moururent des suites de leurs blessures, en route et à Tien-Tsin.

La boucle du Peï-Ho était à peine franchie par le convoi de malades que les Chinois occupèrent les faubourgs de la Cité murée et les environs immédiats des concessions. Depuis ce jour jusqu'au 14 juillet, les concessions furent criblées de balles et d'obus deux fois par jour régulièrement.

CHAPITRE II

Evènements survenus à Tien-Tsin, à Takou, à Pékin, depuis le départ de la colonne Seymour jusqu'à son arrivée à l'arsenal de Sikou. — Causes qui amenèrent le bombardement des forts de Takou. — Prise des forts. — Premiers coups de feu à Tien-Tsin. — Arrivée des renforts. — Installation des premiers postes français à Tien-Tsin. — Organisation du service de défense.

L'appel des ministres, lancé à Pékin, le 5 juin, avait permis de rassembler à Takou, où les forces navales alliées s'étaient groupées en grande partie, un corps de débarquement de 4.000 hommes environ.

Si on évalue à 2.500 hommes ce qui quitta Tien-Tsin avec l'amiral Seymour, le 11 juin, on voit qu'il restait pour la défense de la ville, troupes et volontaires compris, environ 1.500 hommes. C'était peu; on fit cependant face à tout jusqu'à l'arrivée de renforts sérieux.

Le 12 juin, à Tien-Tsin, il était manifeste que Boxeurs et soldats réguliers allaient de pair. Les habitants des maisons indigènes voisines des concessions abandonnaient leur domicile.

Ces indices et les nouvelles fâcheuses qui arrivaient de la colonne Seymour permirent suffisamment aux représentants européens, à Tien-Tsin d'être fixés sur les intentions des Chinois.

Tout le monde s'employa donc à organiser la surveillance des concessions et de la gare.

La ville fut répartie en secteurs, dont la garde fut confiée aux troupes des puissances représentées, chacune défendant sa concession en principe.

Les Russes s'étaient joints aux Français et gardaient

la gare, ainsi qu'une partie de la concession française, le long du quai.

Le 15 juin, les derniers marins français (80 environ dont deux enseignes de vaisseau et un aspirant), disponibles à Takou, quittèrent la rade pour Tien-Tsin.

Ce détachement eut sa portion centrale à la municipalité française et fournit divers postes dans la concession française (école de médecine, consulat et gare).

Le principal poste, celui de l'école de médecine, était destiné à surveiller le faubourg nord de la rue de Takou et à protéger les Chinois qui faisaient leurs études dans cet établissement, dirigé par des médecins français.

Bien que, depuis le départ de la colonne Seymour, aucun coup de fusil n'eût été tiré à Tien-Tsin, les consuls et les autorités militaires sentaient bien que la surveillance leur échappait et que la révolte allait éclater.

Presque tous les domestiques et interprètes chinois ayant subitement, le 15 juin, quitté les concessions en commettant pas mal d'exactions, ce fut le signal de la révolte qui commença à la gare.

Les Russes, postés à la gare, se firent un devoir de tirer sur tout ce qui fuyait, indistinctement, jeunes ou vieux. La ville fut à peu près tranquille au sud et à l'ouest ce jour-là.

Mais, le 16 juin au matin, l'incendie simultané de l'église expiatoire des sœurs et d'immeubles européens situés dans les faubourgs, mit le comble à l'indignation des représentants de l'Europe, à qui le vice-roi Yu-Lu avait, quelques jours auparavant, promis de sauvegarder contre les Boxeurs les immeubles européens et surtout la cathédrale.

La nouvelle arriva en rade. Le conseil des amiraux envoya aux représentants du gouvernement chinois à Takou et à Tien-Tsin, l'ultimatum d'avoir à laisser débarquer des renforts pour défendre Tien-Tsin, garder militairement la voie ferrée et les établissements européens. La réponse affirmative devait parvenir dans un délai de vingt-quatre heures au conseil des amiraux.

Dans la soirée du 15 juin, la voie ferrée Tien-Tsin-Takou fut bien évacuée par les réguliers chinois, mais de réponse affirmative... point.

Pour appuyer leur demande, les amiraux avaient engagé dans la rivière du Peï-Ho, en vue des forts, des canonnières bien armées qui allèrent mouiller à quelques milles de Takou, en amont, sans difficultés.

Bombardement et prise des forts de Takou.

Le 17 juin, vers 3 heures du matin, quelques heures avant le terme du délai fixé par l'ultimatum, un éclair sillonna la nue. Il fut aperçu de la rade. C'était le canon des forts chinois qui tirait sur les canonnières mouillées en rivière; cela en guise de réponse.

Après une lutte d'artillerie d'environ une heure, grâce à un coup heureux qui mit le feu aux magasins de munitions, le tir des forts chinois, presque impuissant, se ralentit, puis cessa complètement avec une forte rumeur qui accompagna la gerbe de feu illuminant la rade.

Vers 9 heures du matin, les Chinois abandonnèrent les forts sud (rive droite), où ils laissèrent de nombreux morts. De là, ils se concentrèrent dans les forts du nord (rive gauche), pour tenir tête à un corps de débarquement qui, déjà, était prêt à l'escalade.

La colonne d'attaque, formée de marins de toutes nationalités (la France était faiblement représentée), tourna les forts du nord, franchit la rivière sur un pont de bateaux et se porta sur les forts du sud, que l'ennemi avait abandonnés complètement vers 10 heures du matin, laissant aux mains des Alliés de nombreux canons et du matériel.

Les Chinois, retranchés dans les forts du nord s'enfuirent dès que le mouvement tournant de la colonne de débarquement fut prononcé. La canonnade fut insignifiante.

La canonnière française *le Lion* avait concouru brillamment au combat du 17 juin, livré entre les forts et les canonnières mouillées en rivière.

Le commandant de la canonnière allemande *Iltis* fut tué à son bord par un projectile.

Les Chinois, abandonnant la ligne Takou - Tong-Kou, se replièrent au nord vers les forts de Peh-Tang, d'où ils surveilleront pendant trois mois tous les mouvements des troupes alliées, mais sans jamais les inquiéter.

Répercussion de la prise de Takou à Tien-Tsin. Combat du 18 juin (gare).

(18 au 22 juin.)

Etant donné la façon dont se déroulent les événements, depuis que la colonne Seymour a été acculée à Yang-Tsoun (le 19 juin), on peut faire la remarque suivante : la Chine répondra à un succès des troupes alliées par une recrudescence dans ses attaques, ses violences tant autour de Pékin qu'à Tien-Tsin : œil pour œil, dent pour dent. Elle cherchera toujours, bien que l'issue des opérations la trahisse, à sauver la face en ménageant ou molestant les représentants de l'Europe, enfermés aux Légations, selon que les événements militaires seront favorables ou défavorables à sa politique.

A l'enlèvement des forts de Takou, les Chinois répondirent à Tien-Tsin par une pluie de balles et de mitraille.

Croquis du Terrain de Combat de la Gare

Combats des 18 Juin et 4 Juillet

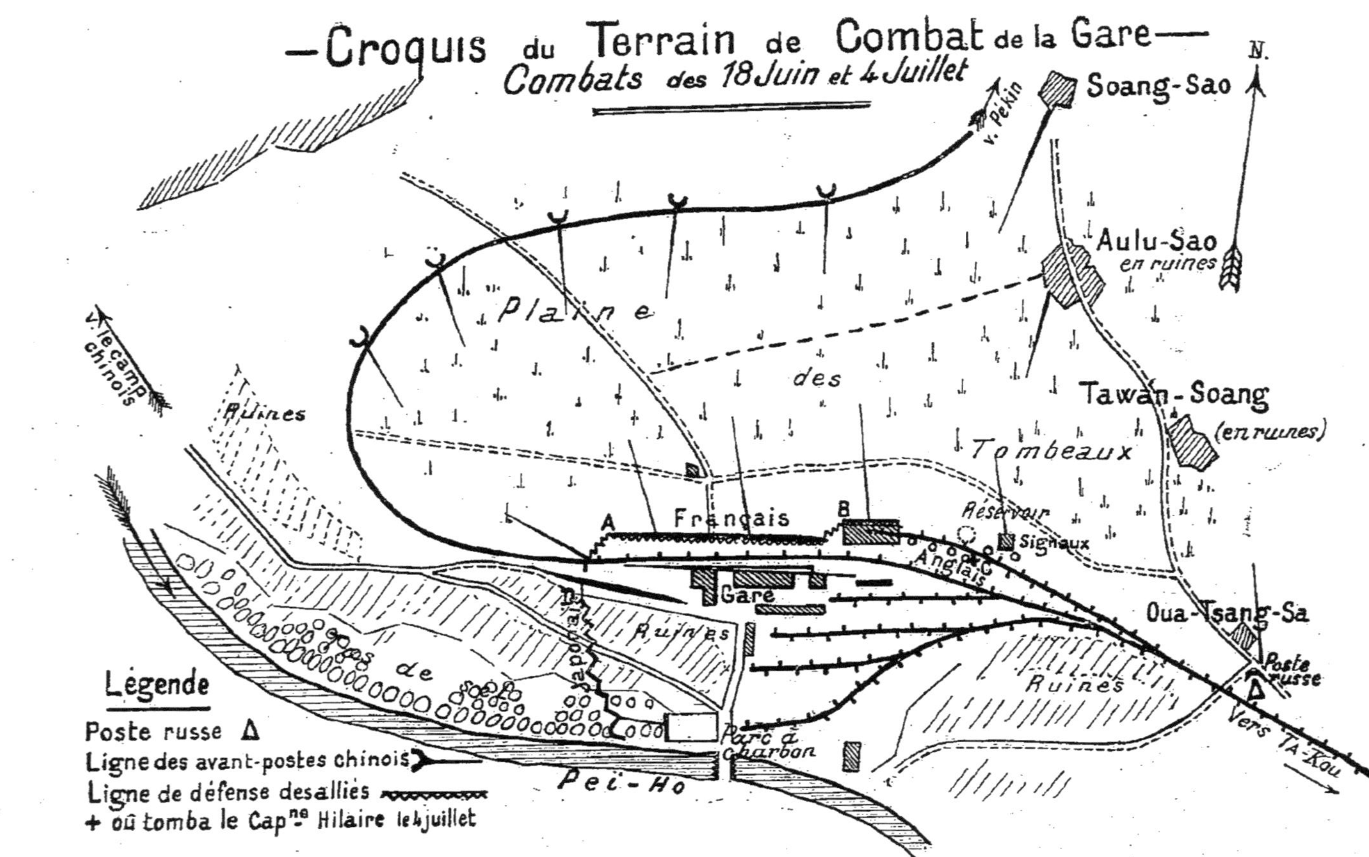

La nouvelle du désastre de Takou se répandit vite, il faut croire, car, le soir du 17 juin, Tien-Tsin, presque libre la veille, fut complètement cernée par les Boxeurs et une grande partie des réguliers venus de Pékin pour faire la chasse à la colonne Seymour.

La journée du 17 juin et la nuit qui suivit furent marquées par le bombardement presque continu des concessions, autour desquelles venaient rôder les rebelles, tirant dans les rues, se heurtant presque aux barricades établies à tous les débouchés principaux.

Le croquis n° 3 indique très approximativement dans quelle situation se trouvaient placés les défenseurs de Tien-Tsin, par rapport aux rebelles qui, à cette époque, enserraient les concessions.

A la gare, la journée fut chaude, mais l'avantage reste aux Alliés après une poursuite vigoureuse dans la plaine des Tombeaux, au nord de la gare, entre la voie ferrée et les villages de Ta-Wang-Soang, An-lu-Tsao, Soang-Sao (croquis n° 3).

Russes, Français, Japonais, supportèrent bravement le choc de plus de 5.000 Chinois, Boxeurs et réguliers. Commencée à 7 heures du matin, la lutte se poursuivit jusqu'à 3 heures de l'après-midi par une chaleur accablante sur un terrain que l'on n'avait pas eu matériellement le temps d'organiser, surpris que l'on fût par une attaque si violente et si inattendue.

Un fonctionnaire et deux matelots français furent tués dans la municipalité française, un officier et deux marins furent blessés à la gare.

Après quarante-huit heures d'efforts inouïs pour chasser l'ennemi des faubourgs de l'école de médecine et s'y maintenir, le poste franco-russe de ce quartier eût l'écœurement de voir cette partie des concessions et les barricades abandonnées par la population anglo-américaine qui avait un moment essayé de participer à la défense.

Les Américains, ayant eu un tué durant l'attaque, se retirèrent en emmenant leur mitrailleuse.

Répercussion des événements de Takou à Pékin. Evénements survenus et opérations militaires effectuées depuis la rentrée à Tien-Tsin de la colonne Seymour jusqu'à l'arrivée des premiers renforts français envoyés de la Cochinchine. Prise de l'Arsenal de l'Est.

A Pékin, comme à Tien-Tsin, une recrudescence s'était fait sentir dans l'attaque des Légations et du Pétang. De plus, le gouvernement chinois venait de commettre une grosse faute : celle de faire ou de laisser assassiner en plein Pékin l'ambassadeur d'Allemagne, le baron de Ketteler, qui se rendait au Tsong-Li-Yamen.

Du 11 au 14 juin, le cercle des insurgés, qui s'était formé autour des Légations et du Pétang, se resserra davantage. L'ennemi se montrait de plus en plus agressif.

Les quelques troupes qui avaient pu arriver aux Légations et au Pétang, aidées des volontaires, ne négligèrent rien pour organiser la défense. Bien leur en prit, car, dès le 15 juin, enhardis sans doute par l'insuccès de la colonne Seymour, les rebelles tirèrent les premiers coups de canon sur les Légations et le Pétang. Les troupes régulières, mêlées aux Boxeurs, se mirent en mesure d'entreprendre un siège méthodique.

Légations. — Pétang.

Malgré la tournure inquiétante que prenait l'insurrection, bien que coupés de Tien-Tsin avec qui ils ne communiquaient plus que par des émissaires secrets, les ambassadeurs ne cessèrent d'inviter le gouvernement chinois à réduire la révolte par ses propres moyens, ou en faisant appel aux troupes alliées.

Toujours en expectative sur la tournure que prendraient hors de Pékin les opérations militaires, le gouvernement chinois répondit évasivement aux ministres jusqu'au jour où, la responsabilité du meurtre de l'ambassadeur d'Allemagne venant s'ajouter à la honte de l'échec subi à Takou, il fut poussé à donner la mesure de sa lâcheté, en proclamant un ultimatum aux ministres enfermés à Pékin.

C'était le 20 juin. Les ambassadeurs étaient autorisés à quitter Pékin avec leur famille, dans les vingt-quatre heures, sous promesse de ne pas être inquiétés pendant la marche sur Tien-Tsin. Ils arriveraient comme ils pourraient, par leurs propres moyens.

Heureusement que la Providence veillait sur tant de précieuses existences et qu'à la suite d'un conseil des ministres, il fut décidé que personne ne quitterait Pékin et qu'on s'apprêterait à faire face aux événements qui s'ensuivraient, quitte à mourir tous glorieusement dans les Légations, plutôt que d'être victimes d'une lâcheté escomptée par le gouvernement chinois.

Certes, la ruse était belle ; mais elle fut heureusement déjouée par la décision énergique des ministres, dont la présence défensive à Pékin permit à l'Europe indignée de préparer une éclatante vengeance à un pareil outrage.

Depuis la prise de Takou, l'envahissement des faubourgs de Tien-Tsin, les attaques des concessions et les tentatives d'enlèvement de la gare redoublèrent. On était coupé de partout. La voie ferrée de Takou à Tien-Tsin, faute de troupes suffisantes pour la garder, avait été en grande partie détruite par les rebelles repliés dans les environs du camp retranché de Peh-Tang.

De nombreuses tentatives furent faites par les troupes alliées pour essayer de ravitailler Tien-Tsin du 18 au 28 juin. Il fallut y renoncer par chemin de fer.

Arrivée de renforts.

(22 au 27 juin.)

Tandis que l'Europe armait et embarquait des troupes à destination du Pet-Chi-Li, la Russie et le Japon, les plus voisins du théâtre des opérations, envoyèrent les premiers secours.

C'est ainsi que, le 21 juin, une colonne de secours d'environ 2.500 hommes, dont 1.700 Russes, put être rassemblée à Takou.

Organisée en moins de douze heures, elle se mit en route sur Tien-Tsin pour secourir les assiégés et délivrer les débris de la colonne Seymour, enfermés dans l'arsenal de Si-Kou, à six kilomètres au nord de Tien-Tsin (concessions).

La colonne, composée de Russes, en majeure partie, d'Anglais (Siks) et de Japonais, fut dirigée par le général russe Stessel. Elle se porta sur Tien-Tsin en deux groupes.

Le premier groupe, composé uniquement de Russes, longea la voie ferrée; le deuxième, formé par les autres Alliés, longea le Peï-Ho sur les deux rives. Un officier supérieur anglais dirigea le deuxième groupe.

Un officier français et quelques marins rejoignirent Tien-Tsin ce jour-là. Ils marchèrent avec les convois des deux groupes, qui suivirent le chemin de terre qui se déroule entre le Peï-Ho (rive gauche) et la voie ferrée.

Vers 6 heures du soir, le 22 juin, les deux groupes arrivèrent sous les murs d'enceinte de Tien-Tsin. La porte sud de la route de Takou et celle de l'école militaire furent forcées après une assez vive résistance des Chinois qui gardaient l'école militaire reprise aux détachements

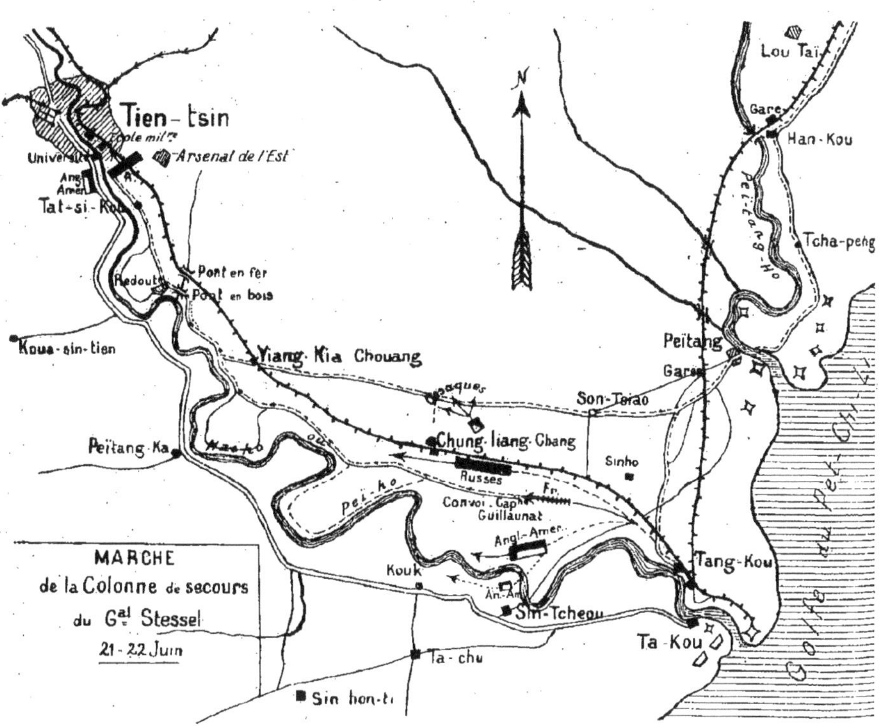

italien et allemand, qui en avaient chassé les rebelles le 18 juin, mais n'avaient pu s'y maintenir.

Les Chinois se retirèrent au-delà de la gare. Ils s'établirent sur une ligne qui, partant de l'arsenal de l'ouest, toucherait au Peï-Ho au débouché nord de la rue de Takou, et, de là, après avoir coupé les tas de sel et les faubourgs ouest de la gare, irait rejoindre l'arsenal de l'Est en passant par le village de Soang-Sao (voir croquis n° 5).

Les Russes occupèrent l'école militaire, où ils installèrent leur camp; les Anglais et les Japonais s'installèrent dans les faubourgs de la rive droite.

Le 24 juin, les Russes, avec le concours des marins français, jetèrent un pont de bateaux sur le Peï-Ho, en face de l'école militaire.

Prise de l'Arsenal de l'Est.

(27 juin.)

Les Alliés étaient maîtres des faubourgs sud-est de la ville indigène et la voie de terre de Tien-Tsin à Takou était redevenue praticable; cependant, les Chinois refoulés au nord de la voie ne cessèrent d'inquiéter les assiégés et en particulier les Russes, campés aux abords de l'école militaire.

Après avoir coopéré pour la majeure partie à la délivrance des débris de la colonne Seymour, enfermés à Si-Kou, les Russes, voulant prendre de l'air et éloigner les rebelles de leur camp, entreprirent, de concert avec des détachements anglais et allemands (bien faibles tous les deux), d'enlever aux Chinois l'arsenal de l'Est.

Cette opération eût lieu le 27 juin. Ce furent encore les Russes qui fournirent le principal effort. Ils réussirent à réduire au silence les batteries chinoises qui, de l'arsenal, ravageaient les concessions et leur camp, tandis qu'ils enlevaient successivement de front tous les retranchements derrière lesquels les Chinois essayèrent de tenir pour couvrir l'arsenal.

Les Allemands et les Anglais opérèrent un mouvement tournant pour couper la ligne de retraite à l'ennemi. Les Allemands opéraient à la droite de la ligne russe, vers le sud-est; les Anglais à l'aile gauche, vers le nord-ouest (voir croquis n° 5).

Les Russes et les Anglais subirent des pertes assez sérieuses.

Ce succès jeta un peu de joie parmi la population civile qui, claustrée, anxieuse, vivait en grande partie

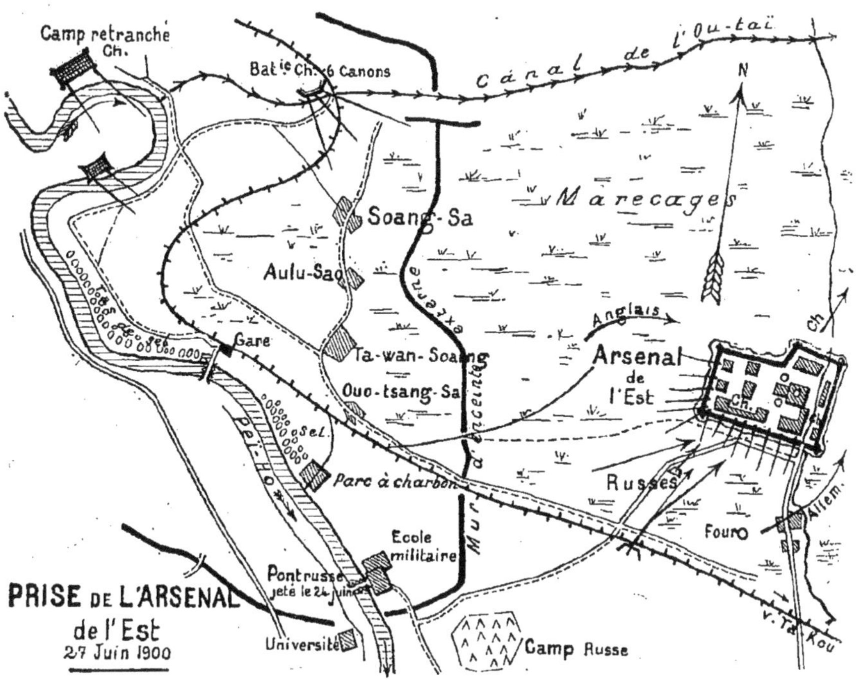

dans les caves et les sous-sols, où la mitraille venait quelquefois faire des victimes.

La majeure partie des approvisionnements de l'arsenal de l'Est en armes et munitions fut détruite. Les Chinois perdaient-là un de leurs plus beaux établissements militaires, si ce n'est le plus beau après celui de Foochow.

Malgré la prise de l'arsenal de l'Est, malgré les pertes sensibles qu'on pouvait leur infliger, les rebelles ne faiblirent pas dans l'ardeur qu'ils déployèrent pour essayer d'écraser les assiégés.

Les tentatives de nuit pour arriver à forcer les barricades de la rue de Takou et celles des concessions anglo-américaines, ne firent que redoubler. La fusillade nourrie sur la ligne du Peï-Ho, derrière les tas de sel, augmenta d'intensité. Le bombardement commença régulier et de plus en plus ajusté.

A la date du 30 juin, la concession française, située au premier plan de la défense, avait subi de grandes détériorations.

Pas une seule maison bordant le quai, non plus que le consulat de France et l'hôpital des sœurs, n'échappa aux coups.

La mitraille était lancée des forts du camp chinois de la rive gauche, ainsi que par des batteries mobiles.

Le gros de l'armée chinoise de Chan-Haï-Kouan, sous les ordres des généraux Nieh et Ma, était en route sur Tien-Tsin..

Cependant, on tenait bon partout malgré l'infériorité numérique des Alliés et les pertes sérieuses subies.

C'est pendant cette période aiguë, très critique pour les assiégés de Tien-Tsin, que les premiers renforts français (un bataillon de 600 hommes de l'infanterie de marine, une batterie de montagne), venus de Cochinchine, arrivèrent en rade de Takou, le 1er juillet, à bord du paquebot *Tanaïs*, des Messageries maritimes, et du *Kersaint*, croiseur qui escorta le paquebot depuis Tourane.

IIE PARTIE

EMBARQUEMENT DES TROUPES EN COCHINCHINE
ARRIVÉE A TAKOU
DE TAKOU A TONG-KU — BIVOUAC A TONG-KU

Le bataillon de marche, organisé aussi bien qu'il avait été possible à son chef de le faire, quitta Saïgon le 19 juin dès l'aube, à bord du *Tanaïs*, des Messageries maritimes, affrété à la hâte.

Le *Tanaïs* toucha à Tourane le 22 juin pour y transborder une compagnie (4e) sur le *Kersaint*, croiseur de 2e ordre, qui escorta le paquebot. Le bataillon Feldmann arriva en rade de Takou dans la matinée du 1er juillet, par un temps superbe.

L'arrivée presque inattendue du *Tanaïs* et du *Kersaint*, sur lesquels s'agitaient près d'un millier de soldats désignés pour être à l'honneur de former l'avant-garde du corps expéditionnaire français, donna lieu à une scène grandiose, dont le 1er bataillon de Cochinchine gardera un fidèle souvenir.

L'entrée majestueuse des deux bâtiments au milieu d'une triple ligne de bateaux de guerre de toutes nations, rangés en ligne de bataille à dix milles des forts de Takou, l'accueil chaleureux qui leur fût fait rappellent assez une de ces imposantes cérémonies comme on en voit dans nos ports d'Europe, quand les commandants d'escadre passent des revues navales ou qu'ils échangent des visites de courtoisie avec des commandants d'escadre d'une marine étrangère.

Il était 10 heures du matin.

Le lieutenant-colonel Ytasse, commandant les premières troupes de renfort, accompagné de son lieutenant chargé des détails, alla prendre les ordres de l'amiral Courrejolles, pendant que le bataillon prenait son repas et s'apprêtait à descendre à terre,

Ces préparatifs se firent fiévreusement, tant les nouvelles alarmantes commandaient que diligence fût faite dans la réunion sommaire des approvisionnements de la colonne qui devait arriver à Tien-Tsin le plus tôt possible par voie de terre, en combattant très probablement, car la voie Tien-Tsin - Takou était très peu sûre.

L'opération du transbordement des troupes et du matériel du *Tanaïs* et du *Kersaint*, se fit très vite et sans incident.

Placés en file, traînés par les remorqueurs et les vedettes ou torpilleurs de prise, les chalands, après une heure de marche à travers l'embouchure d'un fleuve dont les eaux boueuses donnent une idée du terrain marécageux qu'il traverse, défilèrent à travers les forts de Takou, qui, vus de la rade, se confondent avec les rares bossellements de la plaine désolée, unie, où le Peï-Ho traîne péniblement ses nombreux méandres.

On s'attendait à entrer dans un fleuve majestueux, aux rives gaies, couvertes d'une végétation tropicale. Ce fut une désillusion pour tous, car ce pays de Chine étant très mal connu, on a de la peine à ajouter foi aux récits de nombreux explorateurs qui ont visité ce coin du Céleste Empire, tant ce pays, vu à travers les descriptions, trop souvent fantaisistes, hélas ! laisse l'impression d'un monde mystérieux où on ne découvre partout que des merveilles.

La barre complètement franchie, les forts dépassés, les chalands glissent sur le fleuve boueux, à rives basses et découpées par de fréquent canaux qui le font communiquer avec les marais environnants.

En cette saison torride, cette plaine désolée et desséchée avec ses grandes taches blanches, dépôts salins qui alternent avec le teintes grisâtres du terrain sablonneux, uniforme; les ruines dispersées çà et là des maisons du village de Takou que les forts chinois ont été incapables, malgré leur grand relief, de mettre à l'abri des coups des canonnières mouillées dans la rivière; les traces d'obus, vrais sillons creusés à travers cinq ou six maisons éventrées; les carcasses de centaines de jonques échouées dans la vase en des attitudes piteuses, dont les mâts avec leurs gréements fracassés baignent pour la plupart dans l'eau où ils se reflètent comme des épaves; l'attitude malheureuse des habitants, étonnés, craintifs, tout cela donnait bien la sensation que l'on traversait une région où se déroulaient les drames de la guerre.

Ce spectacle suffit pour ramener à la réalité ceux qui, un moment, avaient cru qu'on allait en Chine pour y tenir garnison, l'ordre étant rétabli quand le bataillon de renfort arriverait. Utopie que cette opinion qui consiste à dire qu'il suffit d'une escouade pour soumettre une province de Célestes révoltés.

En route, en rivière, officiers et hommes de toute nationalité ne s'embrassaient pas, c'est tout juste, bien que les chalands se frôlassent en se croisant. Mais les Français ne perdirent rien pour attendre:

A Tong-Ku, sur les quais, à l'arrivée des troupes, étaient rangés 200 à 300 Russes, Japonais, Allemands, Italiens ou Autrichiens (pas d'Anglais), qui ne cessèrent pendant le débarquement d'acclamer les soldats français. C'était très touchant.

Débarquées à 6 heures du soir, les compagnies du bataillon et la 12e batterie de montagne, furent rangées le long des quais de Tong-Ku, où elles prirent leur emplacement de bivouac en ligne pour y passer la nuit.

Là seulement, on put avoir quelques renseignements

précis sur les événements qui s'étaient déroulés avant l'arrivée des premiers renforts de Cochinchine.

Les nouvelles recueillies étaient, en résumé, les suivantes :

« A ce jour, à cette heure (1er juillet, 7 heures du soir), insuccès partout jusqu'au 27 juin, date de la prise de l'arsenal de l'Est par les Russes. Depuis, Tien-Tsin, complètement bloqué sur trois faces (nord-est, nord et ouest). Route du Peï-Ho peu sûre. Voie ferrée de Takou à Tien-Tsin à moitié détruite et fréquentée par les rebelles. La ville est étouffée par le cercle de Boxeurs et de réguliers, qui se resserre de plus en plus, crible de mitraille les concessions, au point de rendre la résistance inutile si la situation doit se prolonger encore quinze jours, et si des renforts n'arrivent pas.

» Pas de nouvelles de Pékin, si ce n'est de fâcheuses. Légations à demi-détruites et assiégées ainsi que le Pétang. Communications coupées. Pays mis à feu et à sang par les Boxeurs. Toutes chrétientés attaquées dans Pet-Chi-Li.... »

Cette situation, comme on peut en juger par ces nouvelles pessimistes, n'était pas très brillante pour les Alliés. Heureusement, nous allons voir qu'elle était loin d'être désespérée.

A compter de cette date, la face des opérations prend un caractère tout particulier.

On verra s'affirmer ce principe que, « dans la lutte, la volonté de vaincre, chez un petit nombre contre un ennemi beaucoup plus considérable, entre pour facteur principal dans la conduite des opérations ; l'accomplissement d'actes héroïques fait naître des dévouements précieux, développe les forces matérielles en exaltant la force morale et assure le succès ».

Pour développer cette maxime, pour démontrer qu'en Chine c'est la volonté de vaincre, l'unité d'action entre les Alliés réunis à cette époque pour la défense des mêmes intérêts, qui a permis à un corps d'environ 12.000 hommes qu'à eux tous les Alliés résussirent à composer, de mettre en échec plus de 30.000 Chinois armés, il suffit d'exposer le récit sincère des faits, de raconter sans commentaires les événements qui se sont produits du 2 juillet jusqu'au jour où, le tour de force étant accompli, la capitale du Céleste Empire a été obligée d'ouvrir ses portes aux représentants de l'Europe réunis pour dicter les conditions de paix dans le palais même de l'empereur et de l'impératrice en fuite.

Marche de Tong-Ku à Tien-Tsin. Débarquement en pleine voie. — De Chung-Liang-Tcheng à Tien-Tsin. — Occupation des avant-postes. Les barricades. — La gare. — Combat du 4 juillet.

(2 juillet.)

L'ordre de mouvement parvenu assez tard dans la nuit du 1er juillet, prescrivait pour le lendemain matin le départ du bataillon Feldmann pour Tien-Tsin.

COMPOSITION DU 1er BATAILLON DE COCHINCHINE.

Etat-major : MM. Ytasse, lieutenant-colonel; Feldmann, chef de bataillon; Carmouze, médecin de 1re classe; Millasseau, lieutenant chargé des détails.

1re Compagnie : MM. Thiéry, capitaine; Rousseau, lieutenant; Martin, sous-lieutenant. — 10 sous-officiers, 11 caporaux, 3 clairons, 124 soldats.

2e Compagnie : MM. Martin, capitaine; Piquerez et Matagne, lieutenants. — 8 sous-officiers, 9 caporaux, 3 clairons, 129 soldats.

3e Compagnie : MM. Hilaire, capitaine; Saillens et Louis, lieutenants. — 8 sous-officiers, 10 caporaux, 3 clairons, 129 soldats.

4e Compagnie : MM. Pernot, capitaine; Ollivon et Henry, sous-lieutenants. — 7 sous-officiers, 9 caporaux, 2 clairons, 124 soldats.

Au total : 33 sous-officiers, 39 caporaux, 11 clairons, 506 soldats.

Composition de la 12e batterie.

MM. Joseph, capitaine en 1er; Giraud, capitaine en second ; Lacordaire et Hervé, lieutenants. — 12 sous-officiers, 65 brigadiers et canonniers européens, 80 canonniers auxiliaires.

Chevaux d'officiers, 5; mulets, 60.

MUNITIONS.

Infanterie : 56 cartouches par sous-officier, 120 cartouches par homme. — Réserve, 65 cartouches. — Total : 107.516.

Artillerie : 200 obus à la mélinite, 1.184 obus à mitraille. — Réserve, 32 boîtes à mitraille.

Il fut décidé que trois compagnies et toute l'artillerie s'embarqueraient le 2 juillet, pour être transportées par chemin de fer jusqu'à Chung-Liang-Tcheng, à environ 12 kilomètres de Tong-Ku. Là, le débarquement se ferait en pleine voie et la marche serait reprise sur Tien-Tsin par voie de terre. On n'emporterait ni vivres ni bagages.

Les Russes travaillaient sur la voie ferrée depuis le lendemain de la prise de l'arsenal de l'Est. Ils avaient réparé une quinzaine de kilomètres.

Les 2e compagnie (Martin, capitaine), 3e compagnie (Hilaire, capitaine), 4e compagnie (Pernot, capitaine), et la 12e batterie de montagne (Joseph, capitaine), quittèrent Tong-Ku vers 8 heures du matin. La compagnie Thierry (1re) resta à Tong-Ku pour réunir les approvisionnements du bataillon en vivres et en munitions et les escorter jusqu'à Tien-Tsin par terre ou par eau.

Après une marche lente d'environ deux heures, le train stoppa au point indiqué, à Chung-Liang-Tcheng. Il fallut une grande heure d'arrêt pour débarquer en pleine voie matériel et chevaux et organiser la batterie de la colonne avec son convoi de munitions.

La colonne reprit sa marche vers midi, après avoir pris, en wagon, un repas froid bien sommaire : un peu de viande de conserve, un morceau de biscuit, un quart de café ou de vin.

Le ciel, qui, le matin était d'une pureté parfaite, s'obscurcit subitement; la pluie tomba et détrempa vite la route que la colonne suivait à travers champs et qui se déroule jusqu'à Tien-Tsin, entre le Peï-Ho et la voie ferrée. C'est par un temps abominable que la marche se fit.

Depuis le départ de Chung-Liang-Tcheng jusqu'à Tien-Tsin, où la colonne arriva vers 6 h. 30 du soir, la pluie ne cessa de tomber, torrentielle. La colonne avait marché six heures pour faire 18 kilomètres.

De nombreux arrêts durent être faits pour relever les mulets de bât, chargés de munitions, ou pour dégager les pièces de montagne qui, en traversant de vraies mares, enfonçaient jusqu'aux essieux.

Les patrouilles de flanc-garde eurent un rôle bien ingrat ce jour-là, par un temps pareil.

Nulle part, l'ennemi ne fut signalé. De temps à autre, dans le lointain, surtout sur la rive droite du Peï-Ho, des groupes de bateliers occupés à dégager leurs jonques coulées, s'enfuyaient au passage de la colonne... bien inoffensifs, il est vrai.

L'aspect du paysage n'avait pas changé depuis le départ de la rade : même uniformité dans l'aspect du terrain marécageux. Aux alentours immédiats des villages, pour la plupart détruits, des champs de sorgho et de maïs. Des tombeaux, vastes quadrilatères exhaussés, d'où émergent, placés avec symétrie et de grosseur différente, des centaines de tumulus ressemblant à autant de grandes taupinières.

Le pont à dos d'âne, sur le canal de l'arsenal de l'Est, une fois franchi, la colonne ne traversa pas un seul village qui ne fût détruit entièrement ou fumant encore. Les rues traversées étaient de vrais cloaques. A l'odeur âcre et repoussante qui se dégage d'un foyer d'incendie de maisons chinoises s'ajoutait l'odeur *sui generis* des cadavres de Boxeurs qui s'égrenaient sur la route ou dans les faubourgs. Des bandes de chiens errants disputaient à des troupeaux de cochons quelque membre de cadavre humain.

Bien que quelques coups de feu aient été entendus dans la direction nord et vers l'arsenal de l'Est, la colonne ne fut pas inquiétée.

Le bataillon Feldmann entra à Tien-Tsin vers 6 h. 45, après une halte à l'école militaire, où rejoignaient de nombreux traînards qui arrivèrent harrassés couverts de boue. Néanmoins personne ne resta en arrière. Car les voitures russes envoyées le soir, par précaution, sur la route de Takou, pour recueillir les hommes qui, échappant à la surveillance de l'arrière-garde, auraient pu rester sur le bord de la route, ne ramenèrent aucun homme. Il ne manquait, d'ailleurs, personne à l'appel le soir.

Dès sa rentrée à Tien-Tsin, le bataillon, sur les indications du commandant Vidal, adjoint au capitaine de vaisseau de Marolles, chef des troupes françaises, alla prendre sa place aux avant-postes, où il arriva après une marche cadencée de trente minutes, à travers les concessions. Pendant ce trajet, les marsouins reçurent les acclamations enthousiastes de la population, qui vit arriver avec un sensible plaisir, ces renforts si impatiemment attendus.

Ce fut pour Tien-Tsin une éclaircie dans ce ciel sombre qui pesait sur la ville depuis le retour de la colonne Seymour. Hélas! elle ne fut pas de longue durée, car, bien qu'imposant, le renfort d'un bataillon et d'une batterie n'était pas suffisant pour permettre d'assurer la réussite d'un plan hardi qui, s'il réussissait, devait dégager Tien-Tsin du cercle de feu qui l'enserrait de plus en plus.

A peine installés (les hommes d'infanterie au collège chinois, ceux d'artillerie à la municipalité française), des mesures de surveillance pour la nuit furent prises.

Vers 8 heures du soir, la ligne de barricades qui, amorcée, allait du coin Nord de l'école de médecine au théâtre chinois, était occupée, et les travaux d'organisation défensive commençaient, malgré la fatigue des hommes.

Cette mesure fut sage, car, vers 9 heures du soir, une grêle de plomb couvrait la concession française, de l'école de médecine à la gare. L'intensité du feu fut plus forte dans le secteur défendu par le bataillon.

L'ennemi, qui n'ignorait pas l'arrivée de ce renfort, vint s'assurer ce soir-là que l'infanterie de marine savait défendre ses positions. Il ne l'oublia pas, car on ne le vit plus jamais faire un effort sérieux sur cette ligne défensive.

Le soleil du 3 juillet se leva radieux sur la ligne des barricades. Les hommes qui les avaient défendues la nuit précédente n'avaient pas mangé ou presque pas depuis vingt-quatre heures. Ils avaient sur eux des vêtements trempés qu'ils ne changeraient que bien plus tard, quand les bagages pourraient parvenir à Tien-Tsin.

Pas de vivres; on vivrait sur le pays, de ce qu'on pourrait prendre dans les maisons chinoises abandonnées ou qu'on pourrait acheter chez les rares négociants restés dans Tien-Tsin.

Un conseil de guerre, présidé par l'amiral Seymour, s'était réuni le 3 juillet, à 8 heures du matin. On voulait prévenir une catastrophe : empêcher le gros des forces régulières de l'armée de Chan-Haï-Kouan, conduites par les généraux Nieh et Ma, en marche sur Tien-Tsin, d'arriver avant les premiers renforts d'Europe.

Un deuxième conseil, tenu dans l'après-midi, fut présidé par le général japonais. Il fut décidé que si, dans les quarante-huit heures, l'artillerie de siège attendue de la rade arrivait dans la place, on tenterait de tourner l'ennemi par le nord-est, de façon à le chasser de son camp retranché et l'obliger à abandonner la ville murée en coupant sa ligne de retraite; Tien-Tsin serait délivrée.

Ce plan téméraire ne put être mis à exécution, heureusement pour tous, car ç'eût été folie que de vouloir tenter une pareille attaque avec des forces si minimes et fort éprouvées déjà. Les membres du conseil de guerre se séparèrent vers 5 heures. Une pluie de plomb et d'obus couvrit la ville aussitôt. Ce fût comme un défi lancé par l'ennemi arrivé en force à Tien-Tsin ce jour même. Il venait du camp de l'Ou-Taï, à 50 kilomètres nord-est de Tien-Tsin.

Cette canonnade provocante, les tentatives des Chinois faites dans la nuit du 3 au 4 juillet sur les barricades et la gare, décidèrent l'abandon du plan projeté. Les grosses pièces attendues de la rade n'avaient pu arriver.

Les rôles furent ainsi renversés. Ce furent les Chinois qui prirent l'offensive le 4 juillet. Ils essayèrent d'enlever la gare et de déloger les Alliés pour les acculer au sud des concessions.

Le poste de la gare était le plus important de ceux établis par les Alliés. Il donnait cet avantage énorme de pouvoir empêcher les Chinois de progresser sur la rive gauche du Peï-Ho, derrière les tas de sel, d'où ils auraient pu rendre la circulation impossible dans les concessions et détruire la gare et les ponts, peut-être mettre en échec les Russes, en les coupant entièrement des concessions.

En vue de l'attaque projetée par les Alliés, le commandant de Marolles avait cédé au bataillon Feldmann 10.000 cartouches. Les marins allaient dans quelques jours rejoindre leurs bâtiments, en rade de Takou.

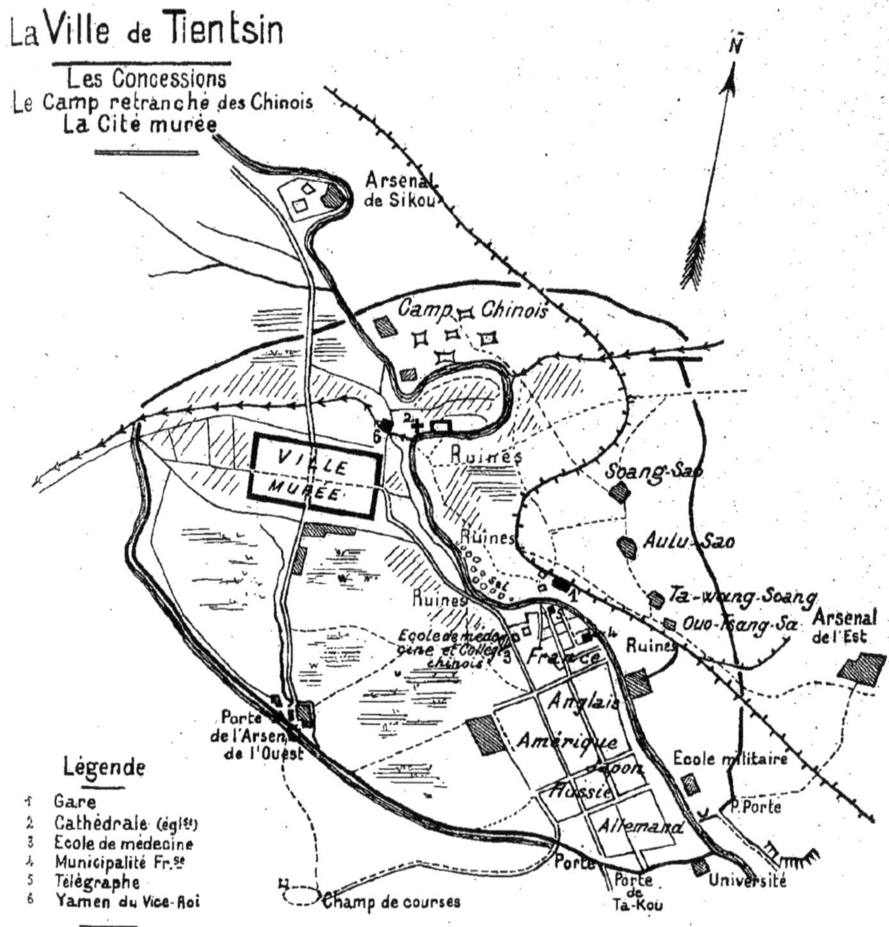

La 2e compagnie (capitaine Martin) alla occuper le télégraphe chinois. Cette compagnie française détacha trois postes de surveillance sur la rive droite du Peï-Ho, le long du quai entre le pont de bateaux de la gare et la tour de la rue de Paris (voir croquis n° 6). Les hommes étaient abrités derrière une double rangée de ballots de coton. Une pièce de marine fut placée au poste n° 3, le plus rapproché des ruines par où l'ennemi pouvait déboucher dans la concession française.

La canonnade du 3 juillet fit quelques victimes dans les concessions. Les Français eurent deux blessés (un adjudant, un homme).

Dans la soirée du 3 juillet, le général Anglais Dor-

Quai de France. — Pont de bateaux allant du quai à la gare. Barricades de ballots de coton abritant les petits postes français sur la rive droite du Peï-Ho.

ward avait fait connaître que le général chinois Ma, avec plus de 8.000 réguliers, était rentré dans Tien-Tsin, dont il occupait les forts et la cité murée.

La ligne de défense, occupée par l'ensemble des rebelles, réguliers et Boxeurs, s'étendait de l'arsenal de l'Ouest à l'arsenal de l'Est (voir croquis n° 6).

Au centre, cette ligne s'infléchissait pour former une sorte de redan qui, comme un coin, s'enfonçait dans les concessions, et permettait de les prendre l'enfilade. Ce redan est naturellement formé par le méandre du Peï-Ho, qui se déroule au sud de la boucle, longe le quai de France, et s'échappe ensuite vers le sud-est en enserrant les concessions anglo-américaine et allemande.

Les tas de sel qui bordent la rive gauche sur presque tout le parcours de ce méandre peuvent être considérés comme un énorme talus, derrière lequel l'ennemi trouva toujours un abri sûr et d'où il put surveiller tous les mouvements qui se faisaient dans les principales rues des concessions.

Dès le 4 juillet au matin, la 3e compagnie (capitaine Hilaire) avec 100 hommes, alla concourir à la défense de la gare, d'où les Russes s'étaient retirés.

Le gros des forces russes surveillait le terrain à l'est de la gare et couvrait la voie ferrée Takou - Tien-Tsin.

Combat du 4 juillet.

Les Français, les Japonais et les Anglais concourent, à dater de ce jour, à la défense de la gare d'une façon permanente. Les Français occupaient le centre de la ligne, le long du quai Nord avec 100 fusils de A en B, (Voir croquis n° 3.)

Les Japonais gardaient la gauche de la ligne de défense avec 250 hommes environ. Ils formaient un crochet défensif qui, de la gauche française allait se souder au Peï-Ho, en traversant une partie des faubourgs et les premiers tas de sel, à l'ouest du parc à charbon de A en E.

Les Anglais, avec 100 siks, prolongeaient la ligne à droite, depuis le hangar aux machines qu'ils occupaient jusqu'au local des signaux. Une distance d'environ 500 mètres séparait la droite de la ligne de défense du poste russe, établi au premier passage à niveau au point où la voie ferrée coupe le mur en terre (de B en C).

L'organisation défensive de la gare se fit rapidement. Elle était assez simple, par suite de l'utilisation de la ligne des quais sur l'un desquels (Nord) avaient été placées deux rangées de ballots de coton, afin d'augmenter la hauteur du couvert et de masquer la ligne des tireurs. Le bâtiment des machines fût crénelée sur les faces nord et nord-ouest. Les Anglais n'eurent qu'à renforcer, au moyen de traverses, la droite de la ligne de palanques qui prolonge le mur de l'abri des machines.

Terrain de combat au nord de la Gare (Plaine des Tombeaux).

A gauche, les Japonais utilisèrent une partie du quai nord et creusèrent un grand retour coupant la voie ferrée et allant rejoindre le mur qui longe la route passant au sud de la gare.

Une tranchée-abri d'une longueur d'environ 30 mètres fut creusée en arrière de la galerie des machines sur le prolongement du quai sud.

L'abri des machines, le petit bâtiment du bureau de la gare et un groupe de trois petites maisons bordant le quai sud, à hauteur de la passerelle, étaient les seuls immeubles qui, à cette heure, fussent utilisables pour abriter les troupes pendant les moments d'accalmie. Le reste, la plus grande partie des bâtiments, avait flambé dès le 15 juin, quand les premiers coups de feu furent tirés.

Mâts de signaux, poteaux télégraphiques, réservoirs, wagons, machines, étaient éventrés ou incendiés pour la plupart. Tout ce matériel, mêlé aux ruines des bâtiments donnait à la gare un aspect lamentable.

La Gare. — Ligne occupée par les Français. — L'abri des Machines.

Malgré la fusillade partant des tas de sel et des ruines de la rive gauche, la compagnie Hilaire put sans peine rejoindre son poste après avoir longé le quai de France et franchi au pas de course le pont de bateaux de la gare, à moitié détruit déjà. Arrivées vers 7 heures du matin, les troupes françaises, japonaises et anglaises étaient installées une demi-heure après. Les commandants de ces troupes s'étaient concertés pour la conduite à tenir en cas d'attaque.

La compagnie française du télégraphe formait la réserve du détachement français de la gare. Son commandant devait se tenir en relation avec le détachement de la gare, lui faciliter de se ravitailler en vivres et en munitions et lui prêter main-forte au besoin.

Les Japonais et les Anglais avaient aussi leur réserve sur la rive droite, non loin du quai.

Depuis 5 heures du matin une accalmie s'était produite. Le bombardement avait cessé, la fusillade était presque nulle. C'était un calme factice.

Le retrait des troupes russes de la gare n'échappa pas aux sentinelles chinoises. Mais, ce qu'elles ne purent vérifier, c'est le nombre d'Alliés qui étaient venus occuper la position dans la matinée. En tous cas, les Chinois ne se firent pas faute d'essayer d'entamer les nouveaux arrivés.

Il était 3 heures du soir quand les sentinelles signalèrent les premiers Chinois qui débouchaient des faubourgs du sud de la boucle, se déployaient vers l'est en se rabattant sur la gare par la voie ferrée et la plaine des Tombeaux.

L'alerte fut vite donnée. La ligne de défense fut garnie en un clin d'œil, les cuisines abandonnées. Vers 3 h. 30, la fusillade devint plus vive et le canon des forts commença à tonner, inondant de mitraille les concessions et la gare. Le mouvement offensif des Chinois s'accentua de plus en plus. La gauche de sa ligne arrivait au village de Ta-Wang-Soang, quand la pluie se mit à tomber, torrentielle.

A la faveur de cet orage, l'ennemi s'avança jusqu'au chemin de terre, qui coupe de l'est à l'ouest la plaine des Tombeaux. Sa gauche était au village de Ouo-Tsang-Sa. L'ennemi se trouvait à moins de 500 mètres de la gare qu'il criblait de plomb. Français, Japonais et Anglais tiennent bon et répondent au feu disséminé des Chinois par des salves ajustées toute les fois que l'ennemi franchit un terrain découvert.

A ce moment, les Alliés avaient déjà quelques hommes blessés grièvement par la fusillade. Les Anglais avaient eu la malencontreuse idée de se servir d'une mitrailleuse Maxim, placée dans l'abri des machines. L'ennemi, pour qui la gare et en particulier ce bâtiment étaient parfaitement repérés, ne tarda pas à rendre intenable l'abri des machines, où tombèrent plusieurs obus successivement. Le Maxim se tût; les siks se mirent à l'abri, en grande partie, derrière la ligne française.

Il était 4 heures environ; la pluie ne cessait de tomber.

Le mouvement de recul des Anglais avait démasqué la droite de la ligne de défense.

Le capitaine Hilaire, voulant prévenir une attaque des Chinois sur le flanc droit, laissa le commandement de son détachement de 100 hommes à son lieutenant, et se porta à l'extrémité droite de la ligne anglaise pour y placer la fraction de renfort venue de la réserve française. Cette fraction était commandée par le lieutenant de la 2e compagnie, lieutenant Matagne.

En débouchant de la ligne de palissades par où l'ennemi aurait certainement essayé de tourner les défenseurs à la faveur de l'orage, le capitaine Hilaire fut mortellement blessé.

A ce moment, la fraction de renfort prononça un vigoureux retour offensif sur l'ennemi et l'obligea à regagner le village de Ta-Wang-Sao, d'où il était sorti pour se glisser dans le thalweg de la gare.

La nuit venait. Il était 6 heures. La pluie tombait toujours, moins forte cependant. Le feu des forts faisait rage sur la gare et sur la ville. Les rangs des défenseurs avaient été fortement éprouvés pendant cette dernière phase du combat. Le capitaine Hilaire, blessé vers

4 h. 30, avait rendu l'âme une demi-heure après, au milieu de ses hommes, qui disputaient le terrain à un ennemi acharné, mais qui n'eut pas le courage de donner l'assaut.

De part et d'autre, le feu se ralentit vers 6 h. 30 du soir; à 7 heures, il s'éteignit définitivement.

Les Chinois durent compter de nombreux tués et blessés. Les pertes des Alliés étaient sensibles, surtout du côté des Japonais, sur les derrières desquels éclatèrent plusieurs obus.

Le détachement de la marine française, sous les ordres des lieutenants de vaisseau Goulet et Daoulas, qui se relevèrent pendant le combat, fournit ce jour-là un contingent de renfort à la gare. Les matelots furent placés derrière la tranchée qui reliait l'abri des machines au quai nord de la gare. Là, comme pendant la colonne Seymour, comme partout, d'ailleurs, les marins firent preuve de courage et d'entrain. Ils abritèrent pas mal de « siks » eux aussi

Le combat fini, la section Matagne rentra à son cantonnement, ainsi que le détachement de marins.

La nuit du 4 juillet au 5 fut calme. On se tint sur ses gardes malgré les fatigues de la journée passée, sans pouvoir prendre d'autre nourriture, le soir vers 8 heures, qu'un peu de biscuit et de la viande de conserve. On bût de l'eau du Peï-Ho ce soir-là, faute de mieux. Tout le matériel de cuisine avait disparu dans la tranchée-abri de 30 mètres, remplie d'eau pendant l'orage.

Le 4 juillet, les Français eurent quatre tués et sept blessés pendant l'action. (Voir les noms dans le journal de marche du 16ᵉ régiment.) (*Historique.*)

Le lendemain, vers 8 heures, la 4ᵉ compagnie (capitaine Pernot), relevait à la gare le détachement de la 3ᵉ compagnie qui rentra au cantonnement du collège chinois pour s'y reposer une après-midi et reprendre le service aux barricades.

Du 5 au 10 juillet inclus. — Arrivée de renforts. Sortie du 9 juillet. — Arrivée du bataillon du Tonkin.

(5 juillet.)

Le lendemain de cette journée où, pour la deuxième fois, les Chinois avaient essayé d'enlever la gare, fût loin d'être calme. La fusillade devint de plus en plus nourrie du côté de la rue de Takou, sur les barricades.

Deux fois par jour, régulièrement, les concessions sont inondées de plomb. Les fractions se rendant en corvée rentrent rarement sans avoir quelque blessé par des éclats d'obus qui, de tous côtés, tombent dans les rues.

La situation des troupes françaises au point de vue alimentation n'a pas changé. Un peu de conserve, pas ou presque pas de pain. Des légumes secs trouvés dans les maisons chinoises abandonnées. Pas d'effets de rechange.

Trois soldats français furent blessés ce jour-là dans les rues ou aux barricades.

Le 6 juillet, l'ennemi semble vouloir se venger de l'échec subi l'avant-veille à la gare. Il essaie, dès le matin, d'intimider les défenseurs des barricades, à l'ouest des concessions (celles de la rue de Takou et de la rue Saint-Louis, Tempérance Hall), par une fusillade nourrie et assez rapprochée. Vers 3 heures du soir, tandis que la fusillade continue, le bombardement est repris. Il fit de grands dégâts dans les concessions et rendit les rues dangereuses à traverser.

Ce jour-là, les Chinois, s'embusquant facilement derrière les ruines où les quelques bâtiments non incendiés attenants au théâtre situé au nord du collège, purent venir assez près, le soir, pour inquiéter les défenseurs dés barricades à moins de 200 mètres, et incendier le grand théâtre jusqu'alors resté indemne au milieu des ruines de la rue de Tien-Tsin. C'est vers 10 heures du soir que ce bâtiment flamba, pendant que le crépitement de la fusillade se faisait entendre sur tout le front nord et ouest des concessions, de la gare à l'arsenal de l'ouest.

Ils trouvèrent les défenseurs des barricades à leur poste, répondant à leurs cris de guerre et à leur tir mal ajusté par des feux à volonté assez efficaces, qui ne manquèrent pas de les impressionner et trompèrent leurs prévisions.

La 12e batterie de montagne (Joseph), qui, dans la journée, avait essayé de riposter au bombardement, ne fut pas plus heureuse que les jours précédents. Mises en batterie au débouché de la rue Griffon, derrière un épaulement construit avec des ballots de coton, les pièces eurent juste le temps de tirer quelques obus dans la direction du fort Noir,—toujours la même direction—au hasard, faute d'indications précises.

Les guetteurs des tas de sel eurent vite fait de signaler la position de la batterie française sur ce quai et de permettre aux tireurs chinois des forts, défilés des vues des concessions, de couvrir de projectiles l'emplacement de la batterie Joseph, qui dût se retirer au plus vite, pour ne pas subir de grandes pertes.

Le 6 juillet, en somme, les Chinois avaient fait de nombreux blessés et s'étaient offert le feu de joie de la rue de Takou (théâtre). Mais on ne bronchait pas plus à la gare qu'aux barricades. Les Français eurent ce jour-là trois tués et neuf blessés : un officier et huit hommes de troupe.

La compagnie française de la gare (1re compagnie, capitaine Thierry), eût à subir en pleine nuit, le 7 juillet, un feu assez violent de la part des Chinois, qui essayaient toujours de l'intimidation par la pluie de plomb, soit fusillade, soit canonnade.

Une corvée, partie de la gare pour se rendre à la concession fut, dans la matinée du 8 juillet, rudement éprouvée par un obus tombant dans l'avenue de la Gare sur le passage de ces braves soldats. Dieu sait pourtant si l'on prenait des précautions pour traverser les zones dangereuses ; celle-là surtout, si bien repérée par l'ennemi.

Une batterie anglaise, placée dans l'extra-concession, ayant tiré quelques coups de canon sur la cité, les forts chinois ripostèrent vite. La concession anglaise et le quartier de la rue de Takou eurent cette après-midi à supporter tous les coups de l'ennemi.

Les Français eurent pendant cette journée : trois tués et onze blessés.

Comme on l'a remarqué, depuis que la colonne Seymour, avec l'aide du 12e régiment russe, a rejoint Tien-Tsin, les troupes alliées enfermées dans les concessions s'étaient tenues presque exclusivement sur la défensive. Seuls les Russes, jusqu'à ce jour, étant donné leur effectif, avaient pu agir pour leur propre compte sur la rive gauche du Peï-Ho et tenir l'ennemi en arrêt.

Les autres alliés n'étaient pas suffisamment nombreux pour se permettre de prendre l'offensive sur la rive droite. Il fallait attendre des renforts.

Quelques centaines de Japonais et d'Américains étant arrivés dans la place le 8 juillet, dans l'après-midi, une démonstration offensive fut préparée pour le lendemain. Le projet était de chasser l'ennemi du sud-ouest de la cité murée d'où il bombardait les concessions, de brûler l'arsenal de l'Ouest et d'avancer la ligne d'avant-postes des alliés de ce côté, en vue d'un plan plus hardi quand les renforts incessamment attendus seraient arrivés.

Sortie du 9 juillet.

(9 juillet.)

Le général Dorward, commandant les forces anglaises, prit la direction de ce mouvement, qui commença le 9 juillet, à 3 heures du matin.

La colonne principale d'attaque était composée de 900 Japonais environ commandés par le colonel Aoki. Les Anglais avaient environ 600 fusils. Les Russes 400 fusils. Les Américains une centaine d'hommes.

A la faveur du mur de terre qui enserre la ville et l'arsenal de l'Ouest, les Japonais purent arriver sans être vus à environ 150 mètres de l'arsenal, et, de là, se porter à l'assaut de cet établissement après une courte canonnade. Ils furent appuyés par les Américains et les Anglais qui s'étaient déployés sur la droite et se portèrent sur l'arsenal par le Sud-Est.

L'élan de la colonne d'attaque s'arrêta à l'arsenal pour les Japonais et sur la digue qui longe cet établissement vers le Sud-Est pour les autres alliés. Le terrain n'est pas précisément favorable à une manœuvre dans ces parages-là.

Il était environ 10 heures du matin quand la canonnade cessa.

Les Chinois laissèrent environ 200 tués ou blessés sur le terrain. Les Japonais trouvèrent cinq mauvaises pièces d'artillerie dans l'arsenal abandonné. A midi toutes les troupes alliées avaient regagné leurs cantonnements. L'arsenal avait été brûlé.

Occuper l'arsenal de l'Ouest, y laisser une petite garnison eût été une faute, car l'ennemi ne pouvant être chassé des faubourgs de la rue de Takou, faute de moyens suffisants, la petite garnison eût été en l'air. On ne s'ex-

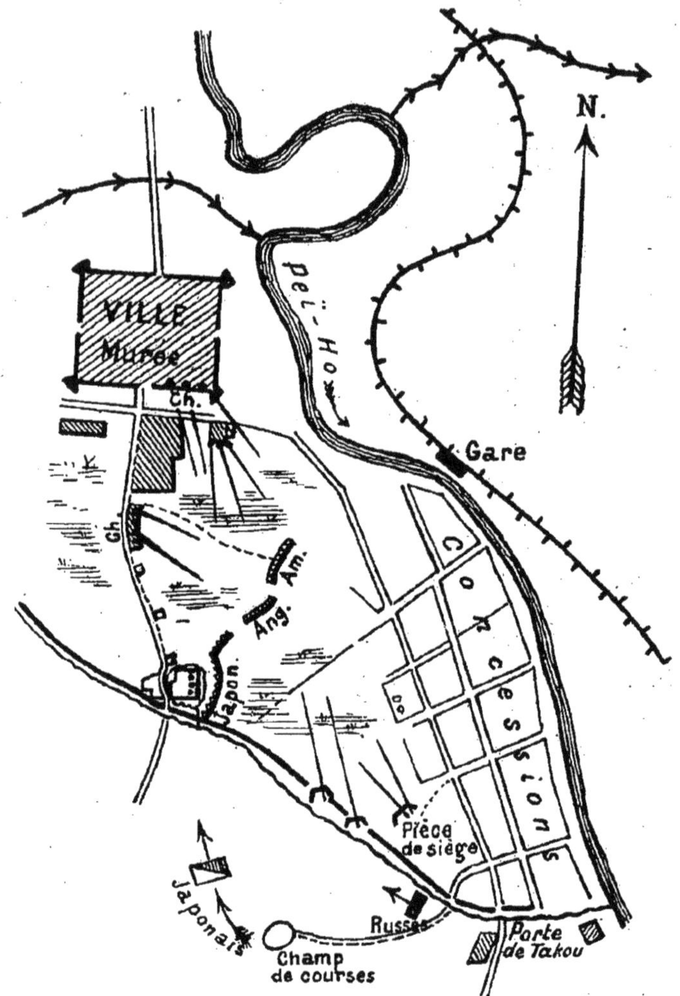

Croquis de la Sortie
du 9 Juillet

Légende

Japonais

Anglo-Américains

Russes (ne donnèrent pas)

posa donc pas à être coupés. Le but proposé était cependant suffisamment rempli, puisque les attaques de l'ennemi de ce côté furent moins fréquentes depuis ce jour.

Pour prévenir une nouvelle surprise sur leur flanc droit, les Chinois rompirent la digue du canal Impérial, au nord de la cité murée et inondèrent ainsi le terrain compris entre la porte Sud de l'arsenal et celle de la ville murée, ne laissant de praticable qu'une chaussée d'environ un kilomètre de longueur reliant les deux portes.

Dans l'après-midi du 10 juillet, le bataillon du Tonkin (9e régiment) arriva à Tien-Tsin. Il fut cantonné au centre de la concession française, dans la rue du Consulat. Le bataillon concourut de suite au service général de la défense.

COMPOSITION DU BATAILLON DU TONKIN.

Etat-major : MM. de Pélacot, colonel; Brenot, chef de bataillon; Laurand, capitaine adjudant-major; de Lardemelle, capitaine adjoint; Salaun, médecin de 1re classe; Pauco, médecin de 2e classe; Pétillot, lieutenant chargé des détails.

1re Compagnie : MM. Genty, capitaine; Janiatowsky, lieutenant; Bouvier, sous-lieutenant. — 10 sous-officiers, 11 caporaux, 3 clairons, 124 soldats.

2e Compagnie : MM. Poch, capitaine; Timonier et Rondet, sous-lieutenants. — 8 sous-officiers, 9 caporaux, 3 clairons, 129 soldats.

3e Compagnie : MM. Bonnabosc, capitaine; Fabiani, lieutenant; Bernard, sous-lieutenant. — 8 sous-officiers, 10 caporaux, 3 clairons, 129 soldats.

4e Compagnie : MM. Verdan, capitaine; Garrigue, sous-lieutenant. — 7 sous-officiers, 9 caporaux, 2 clairons, 124 soldats.

Au total : 33 sous-officiers, 39 caporaux, 11 clairons, 506 soldats.

Composition de la batterie de campagne.

(Débarquée le 28 juillet.)

MM. Faniard, chef d'escadron; Dubois, capitaine en 1er; Thomeuf, capitaine en 2e; Paul et Bourgoin, lieutenants; Monod, vétérinaire. — Environ 200 hommes, auxiliaires compris.
Mulets, 100 environ.

MUNITIONS.

Infanterie : Approvisionnement analogue à celui du bataillon Feldmann.

Artillerie : Munitions prévues pour une batterie de campagne; petite réserve de munitions.

Une grande partie des bagages du bataillon Feldmann, restés à Tong-Ku, purent arriver à Tien-Tsin par eau, après avoir traîné sur les quais et dans des baraquements où il avait été difficile de les surveiller.

Beaucoup d'hommes qui, depuis le 29 juin, n'avaient pu changer d'effets, ne retrouvèrent pas le peu de linge qu'ils avaient placé dans leur havresac. Une grande partie de la chaussure de réserve, des pantalons, des capotes même, avaient disparu faute de surveillance pendant les transports ou sur rade. Qu'y faire? Rien. Il était presque impossible de remédier à cet état de choses. On dut s'en consoler. Officiers et hommes firent de leur mieux. On s'entr'aida, on s'habillerait quand on pourrait.

A cette époque on ne comptait déjà plus les privations de nourriture, les nuits passées sans sommeil. De nombreux vides s'étaient faits dans ce bataillon éprouvé par le feu tous les jours, soit aux barricades, soit à la gare, dans les rues pendant les corvées, dans les cantonnements même.

Les alertes de nuit succédaient aux tentatives faites

le jour par l'ennemi sur la gare et les barricades. D'une manière générale, l'alerte était donnée deux fois chaque nuit : la première, une heure environ après la chute du jour, l'autre un peu avant le lever du soleil. Bombardement des concessions presque chaque jour, matin et soir; une heure environ chaque fois.

Le colonel de Pélacot, arrivé avec le bataillon du Tonkin, prit le commandement du corps expéditionnaire français.

Le capitaine de vaisseau de Marolles, après avoir remis le commandement qu'il avait rempli avec tant de fermeté et d'intelligence, rejoignit son bord avec le gros des troupes de débarquement qui venaient d'ajouter une belle page au livre d'or de la marine française.

Une centaine de matelots resta à Tien-Tsin sous les ordres du lieutenant de vaisseau Petit et de l'aspirant Roquebert pour assurer le service du port, la garde du consulat et celle de l'école de médecine.

Pendant les journées des 9 et 10 juillet, les Français eurent 6 blessés.

Combat du 11 juillet. — Bataille des 13 et 14 juillet.

Les Chinois, que l'immobilité forcée des alliés enhardissait, comptaient beaucoup, il faut croire, sur l'effet matériel et surtout moral produit par le bombardement et les alertes incessantes.

A l'attaque de l'arsenal de l'Ouest, ils répondirent par un redoublement de fusillade et de canonnade.

Escomptant un succès qui leur eût permis d'atteindre le but tant caressé — celui d'acculer les alliés dans les concessions après les avoir chassés de la rive gauche du Peï-Ho — ils essayèrent d'enlever la gare le 11 juillet.

Ce jour-là, ce poste avait son effectif de défenseurs habituel; 250 Japonais, 100 Français, 100 siks.

L'attaque des Chinois commença vers 3 heures du matin le 11 juillet. L'ennemi employait toujours, pour exécuter sa marche d'approche, les mêmes chemins perpendiculaires à l'axe du chemin de fer.

A la faveur de la nuit, les tirailleurs chinois se glissèrent à travers la plaine des Tombeaux et les villages de Anlu-Sao et Ta-Wang-Soang. Ils étaient à 500 mètres de la gare quand ils ouvrirent le feu.

Le canon des forts reprit le bombardement des conces-

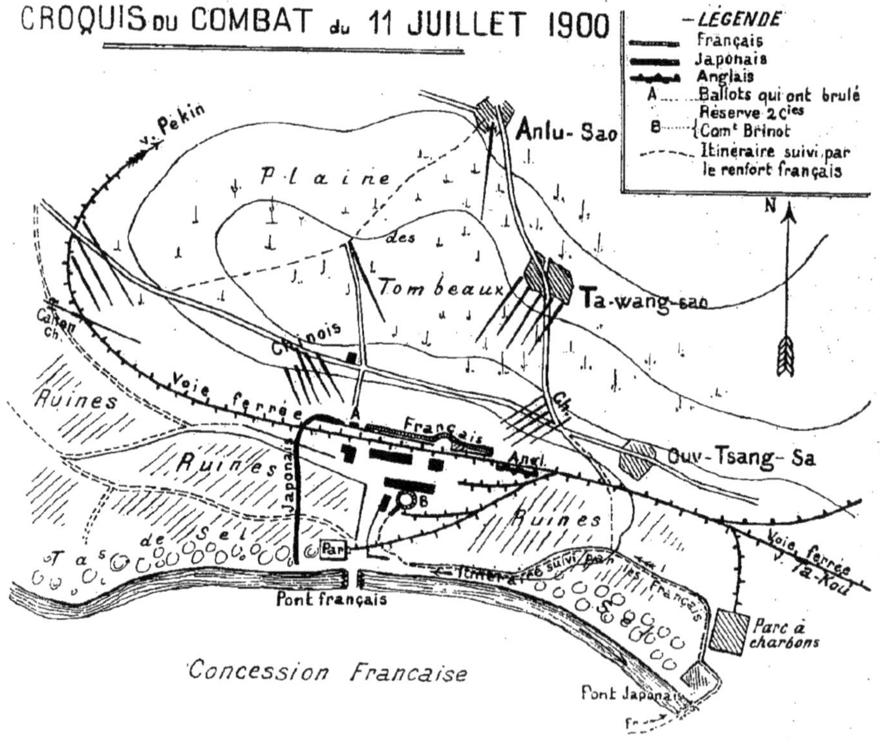

sions. Pendant une demi-heure environ on remarqua

que le feu des forts était concentré sur le camp russe et les abords de la gare bien repérés.

Cette canonnade fut une précieuse indication pour les commandants des troupes alliées, qui s'empressèrent de donner l'alerte et de renforcer les troupes de la gare.

Il faisait jour, vers 4 heures du matin, lorsque les deux compagnies du bataillon Brenot, rassemblées à la hâte, se portèrent au secours de la compagnie Genty, déjà éprouvée par la canonnade et la fusillade intense des Chinois, qui s'étaient avancés à moins de 200 mètres des tranchées de la gare et menaçaient de donner l'assaut.

Le capitaine Genty avait avisé le commandant des troupes françaises que le poste de la gare était serré de très près par l'ennemi en nombre considérable, et que, les Anglais commençant à se retirer, la droite de la ligne de défense allait être découverte et qu'il serait difficile de tenir si des renforts n'étaient pas envoyés d'urgence.

Les deux compagnies françaises de renforts, commandées par le chef de bataillon, franchirent le Peï-Ho en aval de la gare sur un pont de bateau construit par les Japonais. Elles remontèrent le long de la rive gauche, à l'abri des tas de sel et des ruines du faubourg de la Gare. Ce mouvement se fit très rapidement. A 4 h. 15 ce renfort était sur les lieux. Un arrêt de quelques minutes fut fait au sud de la gare derrière le mur qui sépare l'avenue des bâtiments principaux. Les hommes étaient venus au pas de course.

Les renforts français arrivèrent à la gare en même temps que les deux compagnies japonaises accourues à la hâte par le pont de la gare.

Conduits par le capitaine Laurand, une compagnie, puis un peloton, furent portés sur la ligne française et doublèrent le détachement du capitaine Genty. Ce détachement était fort endommagé; il disputait le terrain aux Chinois qui, voyant la reculade des Siks, étaient venus jusqu'au pied du bâtiment des machines. Il était 5 heures du matin. Les Japonais avaient aussi renforcé leur ligne de défenseurs.

Sous cette poussée des renforts, les Chinois, voyant briller les baïonnettes des alliés, se firent un devoir de reculer, abandonnant la partie sans avoir pu donner l'assaut, auquel ils semblaient résolus cependant.

C'est à ce moment que sur la gauche de la ligne de défense un canon fut traîné par les Chinois. Le feu de cette pièce, placée à environ 600 mètres de la gare, fit de nombreuses victimes dans les rangs des Japonais et des Français. Les Anglais avaient repris leur poste avec l'arrivée des renforts. Cette fois ils s'étaient enfermés dans

Le quartier de la Gare vu de la passerelle de transbordement (traces de projectiles sur les toits).

le bâtiment des machines. Ils ne furent pas atteints par le canon.

Cinq ou six ballots de coton de la ligne française ayant

pris feu, le canon des forts en profita pour tirer à nouveau sur la gare jusqu'à ce que la pièce de flanc que les Japonais ne purent enlever fût emmenée par les Chinois, qui battirent en retraite d'un seul bond jusqu'au delà du coude de la voie ferrée.

Il était 8 heures environ quand les Chinois regagnèrent leur camp au delà de la boucle du Peï-Ho, laissant leur ligne d'avant-postes sur le coude de la voie ferrée.

Vers 8 h. 30, le commandant des troupes de renfort rassembla les deux compagnies françaises et les reconduisit au cantonnement de la rive droite. Un peloton de renfort fut laissé à la gare.

Le capitaine commandant le détachement français avait eu ce jour-là un rôle bien ingrat par suite de la reculade des Siks. Il conduisit cependant l'action avec courage et sang-froid. Sa compagnie avait été fortement éprouvée. Le docteur Pauco donna pendant cette action un bel exemple de dévouement et de sang-froid en soignant les blessés sur place ou pendant la marche sous une grêle de balles. Les Français eurent 13 tués et 36 blessés.

Il serait facile de signaler certains actes de courage et de bravoure accomplis par des hommes d'infanterie de marine qui eurent cette journée l'honneur de disputer le terrain à un ennemi nombreux et acharné. Ces exemples sont enregistrés dans l'historique du 16e régiment d'infanterie de marine.

Bien que nous n'ayons pas, à l'heure où nous écrivons ces lignes, pu établir certains faits qui se rapportent au rôle des 12e et 13e batteries d'artillerie de marine pendant le siège de Tien-Tsin et le combat du 13 juillet, nous nous permettrons cependant de dire ce que nous savons sur les raisons qui ont amené plusieurs généraux des armées étrangères à réclamer pendant la période critique du siège de Tien-Tsin le concours de l'artillerie de montagne ou de campagne française pour toutes les sorties tentées ou la mise en batterie dans les concessions en vue de répondre au feu écrasant des batteries chinoises.

Si on considère que, quelle que fût la position que l'artillerie des différentes nations choisît dans les concessions ou derrière les ruines de l'extra-concession pour essayer d'inquiéter les Chinois, des forts invisibles, situés sur la rive gauche, l'emplacement de ces batteries alliées était immédiatement, d'une façon précise, indiqué aux pointeurs des forts chinois, on comprendra facilement qu'il eût été imprudent d'essayer d'engager une lutte d'artillerie avec un ennemi qui tirait à coup sûr, grâce à ses observateurs placés derrière les tas de sel, même avec ses batteries mobiles, alors qu'on n'avait à lui opposer qu'un tir forcément mal réglé (faute de plans ou indications précises sur les ouvrages de la rive gauche) et des projectiles insignifiants.

Aussi, avec juste raison, ne s'obstina-t-on jamais à rester en place dès que l'ennemi avait tiré quelques coups ajustés. Nous n'avons jamais vu d'artillerie, quelle qu'elle fût, anglaise, japonaise, française, américaine ou autre, tirer plus de vingt coups de canon sans que l'artillerie chinoise ne répondît immédiatement et rendît la position intenable dans les concessions. Même lorsqu'on se retirait dès que les premiers coups des forts arrivaient, ce n'était jamais sans pertes. L'artillerie française n'échappa pas à cette règle malheureusement absolue.

Ce qui la rendait indispensable en quelque sorte pour le succès d'une opération ou une tentative heureuse, c'est qu'elle se faisait remarquer par sa précision dans le tir et la promptitude dans l'exécution des mouvements du champ de bataille, aussi le courage des artilleurs français. On voyait, on savait voir juste..., on tirait bien...

D'autres, plus autorisés que nous, diront plus longuement pourquoi cette arme française fut si choyée en ces journées, où tant d'incertitude régnait sur la position de l'ennemi, dont il fallut subir le feu meurtrier.

L'ordre de remerciements que le général en chef des troupes russes a laissé à l'adresse des artilleurs français de la marine, dont le concours fut si précieux pendant le siège de Tien-Tsin et la marche sur Pékin, témoigne d'une façon éclatante que, dans son rôle, l'artillerie française est encore loin de perdre son rang, tant au point de vue instrument de guerre que qualités militaires de ceux qui le manient.

La nouvelle de l'arrivée du 2e bataillon de Cochinchine (commandant Roux) fut connue à Tien-Tsin dans l'après-midi du 11 juillet.

La voie ferrée entre Takou et Tien-Tsin étant à peu près réparée, ce bataillon fut transporté en chemin de fer jusqu'à Chung-Liang-Tcheng, où il débarqua à hauteur du camp russe, dans la matinée du 12 juillet et arriva à Tien-Tsin dans la soirée par le chemin qui suit la plaine entre la voie ferrée et la rive gauche du Peï-Ho. Ce bataillon, à effectif réduit, fut logé partie à l'Amirauté chinoise, partie dans la rue du Consulat (maison Philipot). Il concourut au service des avant-postes dès son arrivée.

Composition du 2e bataillon de Cochinchine.

Etat-major : MM. Roux, chef de bataillon; Bouët, capitaine-major; Fortoul, médecin principal.

1re Compagnie : MM. Legrand, capitaine; Fabre, lieutenant.

2e Compagnie : MM. Marty, capitaine; Lacoste, lieutenant.

3e Compagnie : MM. Génin, capitaine; Baudon, lieutenant.

4e Compagnie : MM. Lionnet, capitaine; Favard, lieutenant.

Effectif du bataillon : 500 sous-officiers, caporaux, clairons et soldats.

COMPOSITION DE LA 13e BATTERIE DE MONTAGNE.

MM. Julien, capitaine en 1er; Bianchi, capitaine en 2e; Lefèvre et de Battisti, lieutenants. — Environ 160 hommes, auxiliaires compris.
Chevaux, 5; mulets, 60.

MUNITIONS.

Une réserve de munitions d'infanterie et d'artillerie avait été transportée. Elle était proportionnelle aux effectifs mobilisés.

Le bataillon du Tonkin et le 2e bataillon de Cochinchine n'étaient guère plus favorisés que le bataillon Feldmann au point de vue vivres. Mais les hommes étaient bien moins fatigués. Ils avaient presque tous leurs bagages.

Le bataillon Feldmann, bien qu'un peu soulagé au point de vue service, n'en était pas moins le plus mal approvisionné et le plus éprouvé.

Près de 2.000 soldats français et deux batteries étaient, à cette date, réunis à Tien-Tsin pour la défense des concessions et de la gare. C'était loin d'être suffisant pour assurer la surveillance permanente, de concert avec les alliés, si on voulait donner aux diverses unités un certain nombre de nuits de repos.

Tout le monde était tenu en éveil soit pour renforcer les avant-postes pendant la nuit, soit pour effectuer les corvées de ravitaillement pendant le jour, soit encore pour faire des travaux d'organisation défensive.

Les privations au point de vue nourriture et installation n'étaient pas grand'chose auprès de cette fatigue accablante qui résulte d'une insomnie continuelle. Tout Tien-Tsin en était là à cette date, troupes et population civile... Conséquence naturelle du souci du danger que l'on sentait grandir alors que les moyens de l'enrayer étaient de plus en plus problématiques.

De Pékin on ne savait pas grand'chose à cette époque. De temps à autre un Chinois fidèle, à moitié nu, arrivait de la capitale après avoir couru souvent mille dangers et toujours après avoir rôdé plusieurs jours dans la campagne afin d'éviter d'être saisi par les rebelles.

On savait que les Légations et le Pétang en étaient réduits à leurs propres moyens de défense pour faire face à un ennemi qui devenait de plus en plus nombreux.

Nous avons déjà dit que ce qui enhardissait les Chinois était l'immobilité à laquelle les alliés étaient contraints. La sortie du 9 juillet était insignifiante comme effet moral produit.

Dans cette situation inquiétante, les troupes françaises étaient les plus intéressées, puisqu'elles étaient au premier plan, les plus exposées, la concession étant en contact immédiat avec l'ennemi.

Le nombre de tués, de blessés, de malades, par suite des privations et des fatigues, allait en grandissant d'une façon inquiétante. Tous ces efforts pour rien, sans résultat... Cette situation ne pouvait se prolonger sans risquer de voir les effectifs français fondre en pure perte. Les autres alliés étaient dans une situation à peu près identique.

Quelques milliers d'hommes de toutes nations et un peu de grosse artillerie arrivèrent dans la place du 10 au 12 juillet.

C'est alors que, dans une réunion tenue le 12 juillet au matin, le plan projeté le 3 juillet fut repris et adopté.

Ce conseil de guerre fut présidé par l'amiral russe Alexéieff.

Le projet d'attaque était le suivant :

« Tout ce qu'il y a de disponible dans Tien-Tsin sera réuni et formé en deux groupes principaux. Celui de la rive gauche (1er groupe), celui de la rive droite (2e groupe). Le 1er groupe : 3.000 Russes environ, 2 compagnies allemandes, 12e batterie de montagne française, opérera un mouvement tournant sur le nord-est du camp chinois, et, après avoir enlevé les fortins de la rive gauche entre le Peï-Ho et l'Ou-Taï, essayera de couper la retraite aux Chinois sur la route de Pékin.

» Le 2e groupe, composé de tout ce que les autres alliés pourront réunir, sera réparti en trois colonnes, qui manœuvreront sur le sud et l'ouest de la ville, enlèveront l'arsenal de l'Ouest, la cité murée, et, en traversant la ville au pont du Yamen du vice-roi, iront par le Centre et par l'Ouest donner la main aux Russes, à la sortie Nord de Tien-Tsin, sur la route de Pékin. »

Les effectifs disponibles du 2e groupe étaient les suivants :

Français : 2 bataillons (dont un dans les concessions et la gare), 1 batterie (13e).

Japonais : 2 bataillons, 3 batteries.

Anglo-Américains : 2 bataillons, 1 batterie.

Au total : 7.000 hommes.

Journée du 13 juillet.

Voyons comment s'exécuta le plan qui devait décider de la délivrance de Tien-Tsin et procurer aux assiégés, au prix de grands sacrifices c'est vrai, un repos bien mérité.

Examinons, heure par heure, ce qui se passa successivement, d'abord sur la rive droite, ensuite sur la rive gauche du Peï-Ho pour chacun des deux groupes.

Les Russes avaient, la veille, opéré une reconnaissance du canal de l'Outaï, ce qui leur permit, le 13 juillet, de marcher à coup sûr et de choisir un point favorable pour franchir ce canal sans trop de pertes.

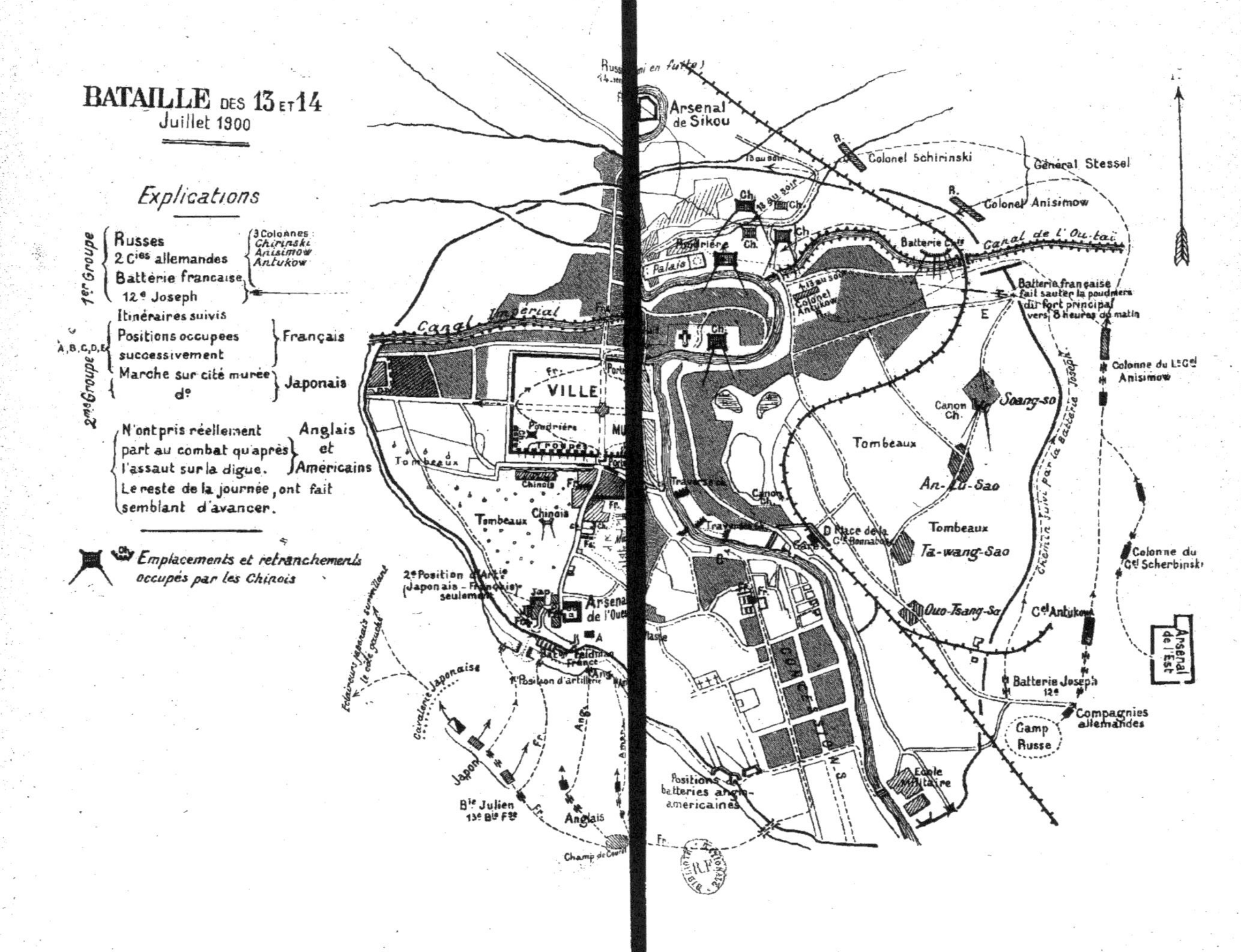
BATAILLE DES 13 ET 14
Juillet 1900
Explications
1er Groupe
Russes
2 Cies allemandes
Batterie française
12e Joseph
3 Colonnes : Chirinski Anisimow Antukow
2me Groupe
A, B, C, D, E
Itinéraires suivis
Positions occupées successivement
Français
Marche sur cité murée
d°
Japonais
N'ont pris réellement part au combat qu'après l'assaut sur la digue.
Le reste de la journée, ont fait semblant d'avancer.
Anglais et Américains
Emplacements et retranchements occupés par les Chinois
Arsenal de Sikou
Colonel Schirinski
Général Stessel
Colonel Anisimow
Canal de l'Ou-taï
Canal Impérial
Batterie française fait sauter la poudrière du fort principal vers 8 heures du matin
Colonne du Lt Cel Anisimow
Colonne du Cel Scherbinski
Arsenal de l'Est
Palais
Poudrière
VILLE
Tombeaux
Soang-so
An-Lu-Sao
Ta-wang-Sao
Ouo-Tsang-So
Cel Antukow
Batterie Joseph 12e
Compagnies allemandes
Camp Russe
Ecole Militaire
CONCESSIONS
Positions de batteries anglo-américaines
Chinois
2e Position d'Artie Japonais - Français seulement
Arsenal de l'Ouest
1re Position d'artillerie
Cavalerie Japonaise
Japon
Bie Julien 13e Bie Fse
Anglais
Champ de Course
Place de la Cie Boenaboff
Canon Ch.

Sur la rive droite.

4 heures du matin. — Le 2e groupe, sous la direction du général japonais, quitta les cantonnements vers 3 h. 30 du matin. Il se divise en trois colonnes.

La première colonne était la colonne française, composée du bataillon Feldmann (compagnies Martin, Saillens, Poch, Verdan, et de la 13e batterie de montagne. (batterie Julien).

L'infanterie chemine le long du mur d'enceinte, entre le parapet et le canal. Elle put arriver ainsi, sans être vue, à environ 300 mètres de l'arsenal de l'Ouest. Les quatre compagnies, dirigées par le colonel de Pélacot, se massèrent en face de l'arsenal. Masquées par le mur de terre, elles étaient absolument à l'abri. Une section de la compagnie Martin fut détachée sur une position de flanc, à l'est de l'arsenal. Cette fraction se porta sur l'emplacement sans pertes.

La 13e batterie française ne pouvant suivre l'infanterie derrière le mur de terre, reçut l'ordre d'exécuter le mouvement tournant fait par les batteries des 2e et 3e colonnes.

La 2e colonne, composée de Japonais exclusivement (cavalerie, infanterie, artillerie), et la 3e colonne, constituée par les Anglo-Américains, débouchèrent dans la plaine Sud-Ouest de l'arsenal par la route du champ de courses et vinrent prendre une position d'attente sur le prolongement de la 1re colonne (Français), à l'abri du même mur en terre, mais sur la rive extérieure du canal face au Nord.

Il était environ 5 heures du matin quand toutes les troupes du 2e groupe se trouvèrent massées à environ 100 mètres de l'arsenal de l'Ouest, à l'abri du mur de terre.

Les batteries ayant pris une première position de tir

sur la berge extérieure du canal, ouvrirent un feu nourri sur la cité, tirant au hasard par-dessus le mur d'enceinte.

Pendant ce temps un pont fut jeté par les Japonais en face de la porte Sud. (Le radeau utilisé pour établir ce pont avait été traîné par les Japonais, qui l'avaient confectionné la veille dans les concessions.)

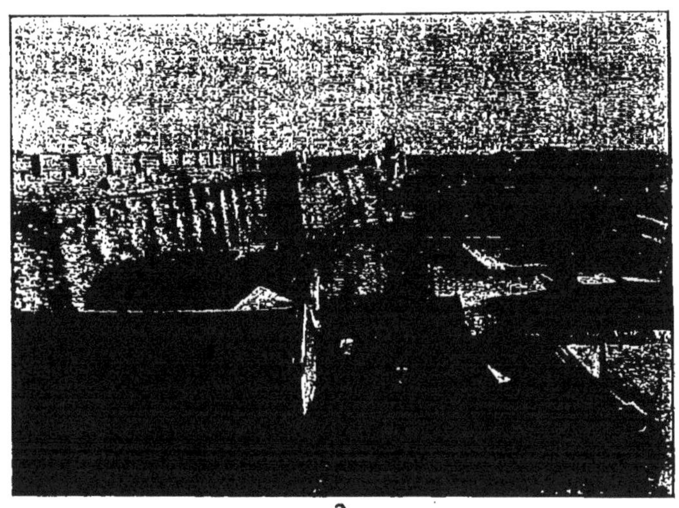

La porte Sud de la Ville murée.

A la suite d'une petite fraction de Japonais, le peloton du lieutenant Piquerez franchit la porte sud de l'arsenal et se porta sans pertes derrière le premier groupe de maisons sur la digue qui mène à la cité murée. La fraction japonaise se terra derrière un fossé à côté de l'arsenal et ouvrit le feu sur les Chinois qui commençaient à quitter les premières maisons du faubourg sud.

Sous la protection de ces deux échelons, deux batteries japonaises s'engagèrent dans l'arsenal et vinrent prendre position sur un terre-plein qui précède l'entrée de l'arsenal; ces deux batteries ouvrirent de suite le feu sur les faubourgs et la face sud de la cité murée.

Ce tir nourri de l'artillerie permit à deux compagnies japonaises, au restant de la compagnie Martin, et à celle du lieutenant Saillens, de s'engager à leur tour dans les faubourgs de l'arsenal et d'y prendre une deuxième position d'attente pendant le tir de l'artillerie.

Ce premier bond de l'artillerie et d'une partie des première et deuxième colonnes s'était effectué très vite et presque sans pertes.

L'ennemi tirait très peu de ce côté à ce moment-là. Son attention était sans doute attirée par le mouvement des Russes sur la rive gauche et par deux compagnies françaises qui, avec le lieutenant-colonel Ytasse, débouchèrent des faubourgs de la rue de Takou, et se déployèrent dans l'extra-concession française, avant que le feu ne fût ouvert sur la ville murée par les troupes des deux premières colonnes.

Pendant près de deux heures, ces deux compagnies, suivant les ordres du colonel de Pélacot, attirèrent vers elles le feu des Chinois pour faciliter le franchissement du mur de terre par les troupes alliées.

Dès que l'artillerie française eut pris place à côté de l'artillerie japonaise sur le terre-plein, une grêle de plomb s'abattit sur l'arsenal et fit de nombreuses victimes tant que dura le mouvement des deux premières colonnes qui, pendant le tir de l'artillerie, quittèrent leur première position d'attente et vinrent presque toutes se grouper derrière l'arsenal, où les maisons avoisinantes.

A ce moment-là, vers 7 heures, les compagnies Martin et Saillens étaient seules aux prises avec l'ennemi. Les deux autres compagnies françaises étaient placées en réserve derrière le mur d'enceinte près de la porte sud.

La cavalerie japonaise et une batterie, restées hors du mur d'enceinte, le longèrent à l'ouest, surveillant ainsi ce côté, et faisant un mouvement tournant vers le nord-ouest, avec une grande partie des Anglais de la troisième colonne.

Les Anglo-Américains, s'engageant après les deux premières compagnies françaises et japonaises, avaient pris position derrière l'arsenal, d'où ils se disposaient à prolonger la ligne à droite. Ils restèrent longtemps en réserve.

8 heures du matin. — Il était environ 8 heures quand cessa la canonnade de l'artillerie japonaise et française, installées sur le terre-plein de l'arsenal.

Sur la rive gauche.

Que s'était-il passé à ce moment-là du côté des Russes (1er groupe). Comment se poursuivit ensuite l'attaque de la cité murée et du camp retranché Chinois?

Arsenal de l'Ouest. — La digue qui mène à la Cité murée.

La colonne russe avait quitté l'arsenal de l'Est dès 3 heures du matin. Une heure après, à la faveur du petit jour, les régiments Schirinski et Anisimow avaient franchi le canal de l'Ou-Taï sur une dizaine de chalands, que des fourgons d'artillerie avaient amenés du camp, et sur des jonques trouvées sur place.

Ce mouvement s'était opéré à un kilomètre du mur de terre, en dehors des vues de l'ennemi.

Au lever du jour, quand les premiers éclaireurs du régiment du colonel Antukow, furent aux prises avec les Chinois des avant-postes du sud, les colonnes Anisimow et Schirinski n'étaient plus qu'à une faible distance des forts du camp chinois, entre l'Ou-Taï et la boucle du Peï-Ho. Ces deux colonnes cheminèrent le long du canal et du mur de terre et tournèrent les forts.

Ce fut une grande surprise pour les Chinois qui, presque sans avoir tiré, abandonnèrent une batterie de six canons Krupp, laquelle, installée au pont du chemin de fer de l'Ou-Taï, avait si longtemps criblé de mitraille le camp russe et les concessions.

Serrés de près par les colonnes russes du général Stessel, les Chinois lâchèrent leur ligne extérieure de défense pour se réfugier dans les deux forts principaux du camp retranché.

A 8 heures, les Russes étaient maîtres des faubourgs et de trois forts extérieurs. Ils avaient, avec le concours de la 12e batterie française, fait sauter la grande poudrière du principal fort chinois.

La marche subit un arrêt de ce côté, vers 10 heures du matin.

Les Russes du colonel Antukow occupèrent les faubourgs, ceux d'Anisimow et de Schirinski garnirent les forts enlevés, le mur d'enceinte, tandis qu'une partie se disposait à longer la voie ferrée pour se porter sur l'arsenal de Sikou.

Sur la rive droite.

C'est après l'explosion de la poudrière, due au tir de la batterie Joseph, que la marche en avant du deuxième groupe fut reprise.

Le mouvement des Russes avait réussi; les Chinois étaient ébranlés; c'était le moment de se porter à l'assaut de la cité murée et de l'enlever pour compléter la défaite de l'ennemi.

Comme il était convenu, c'est par bonds successifs que la marche eut lieu sur la digue découverte, coupant un vrai marécage et battue par une pluie de projectiles.

Fort de la rive gauche de Peï-taug-ho.

La batterie française, dont les munitions étaient épuisées, allait se placer à l'abri du mur de terre pour y attendre les munitions que son échelon de combat était allé chercher dans les concessions.

C'est avec une résolution remarquable que la tête de la colonne française se porta sur la ligne baïonnette haute. Le reste du bataillon suivit, malgré la grêle de balles que provoqua cette marche hardie.

Les Japonais, à qui il en coûtait de se voir distancés, se mêlèrent aux Français dans cette « fuite en avant », où tant de braves marsouins trouvèrent la mort ou tombèrent blessés grièvement.

En moins d'un quart d'heure, le bataillon français et les Japonais se trouvèrent groupés dans les faubourgs de la face sud de la cité qu'ils occupèrent sur un front d'environ 500 mètres.

10 heures du matin. — A partir de ce moment-là, les Alliés progressèrent lentement car l'ennemi, acharné, engagea une lutte presque corps à corps et ajusta son tir.

Les troupes du 2e groupe n'étaient plus qu'à 500 mètres des murs de la cité. L'artillerie (quelques pièces japonaises et françaises) essaya d'ouvrir une brèche; ce fut en vain. Toute l'artillerie se retira et alla se mettre en réserve près de l'arsenal.

Pendant ce temps, les compagnies placées sous les ordres du lieutenant-colonel Ytasse (compagnies Pernot, Marty, Génin, Legrand), dont le rôle était terminé, furent rassemblées et portées derrière une position abritée, dans le voisinage de l'école de médecine, prêtes à protéger la retraite du bataillon Feldmann, au cas où ce dernier serait obligé de se retirer.

Les Anglais s'étaient engagés sur la digue et occupaient les faubourgs de l'arsenal avec les Japonais.

Les Américains avaient quitté leur position d'attente et s'étaient avancés sur la cité en prolongeant à droite la ligne franco-japonaise. Une manœuvre malheureuse sous le feu violent des Chinois leur coûta des pertes sensibles en hommes et en chevaux.

La cavalerie japonaise seule surveillait la campagne

à l'ouest, hors du mur d'enceinte et continuait le mouvement tournant vers le nord.

La marche en avant ayant subi un arrêt forcé par suite du manque d'artillerie assez puissante pour entamer les murailles de la cité, le commandant des troupes françaises décida de se cramponner sur les positions conquises pour y passer la nuit. On prendrait ses dispositions pour faire brèche le lendemain matin, et le 14 juillet l'assaut serait donné.

Cet avis fut partagé par le commandant des forces japonaises qui maintint ses troupes sur les positions conquises.

Les Anglais et les Américains furent sur le point de se retirer; la fermeté des Français et des Japonais, l'emporta et les Anglo-Américains se rapprochèrent des faubourgs, mais sans s'y engager.

De midi à 5 heures. — La situation en était-là à midi.

Les troupes du 2e groupe, abritées dans les faubourgs, étaient trop près des murailles pour être exposées au tir de l'artillerie ennemie, impuissante déjà.

Il s'agissait donc de s'abriter derrière les fossés, de patienter sans gaspiller de munitions.

On se résigna à passer de longues heures dans l'immobilité, baïonnette au canon.

Ç'eût été une grosse faute que d'essayer d'aborder la muraille ou de se mouvoir à découvert. Tout ce qui paraissait sur la digue pouvait être considéré comme sacrifié, car le feu de l'ennemi, bien ajusté du haut des murs, surtout depuis qu'on ne tirait plus sur lui, était devenu très efficace.

Il fallait donc attendre la nuit pour enlever les morts et les blessés et songer au ravitaillement.

Dès que la nuit fut venue, tout le monde se mit à l'œuvre pour prévenir un retour offensif de l'ennemi.

Le feu cessa complètement vers 5 heures du soir; le

plus gros de la journée était fait. Des renforts furent envoyés, des munitions apportées.

Les Japonais se procurèrent le nécessaire pour faire sauter la porte du sud, le 14 juillet au petit jour.

Le nuit du 13 juillet fut donc passée sur les positions conquises. On coucha à la belle étoile, sans prendre d'autre nourriture qu'un peu de viande de conserve et de biscuit. L'eau des marais étant à portée on s'y désaltéra, l'eau filtrée étant insuffisante.

Les troupes françaises furent admirables de courage et de résignation.

Sur la rive gauche.

Dans l'après-midi, tandis que les Russes et les deux compagnies allemandes conservaient aussi les positions conquises le matin, la 12e batterie française qui avait prêté son concours, rentra à son cantonnement de l'Amirauté.

Défense de la gare.

L'ennemi, bien que surpris et accablé par l'exécution d'un plan si hardi, tenta de faire un effort sérieux sur la gare.

Cette attaque ne revêtit pas néanmoins le caractère des précédentes (4 et 11 juillet). La compagnie française (Bonnabosc) fût assez éprouvée par le feu d'un canon que les Chinois avaient, comme au 11 juillet, placé sur le flanc gauche des défenseurs de la gare.

La compagnie Bonnabosc eût deux tués et sept blessés.

Nuit du 13 au 14 juillet.

Cette nuit fût employée à relever et enterrer les morts et à transporter les blessés, nombreux, hélas !

Beaucoup de braves soldats français moururent de leurs blessures, faute de soins, car tout faisait défaut dans ces bataillons d'avant-garde : médecins et brancards.

Ce fut un bien triste spectacle que de voir expirer ces malheureux, grièvement blessés, il est vrai, mais qu'un prompt secours eût peut-être permis d'arracher à la mort qu'ils virent venir froidement.

Les Japonais, chez lesquels un service de santé de campagne fonctionnait admirablement, firent preuve d'une noble générosité en prodiguant les premiers soins à de nombreux blessés français et en venant en aide au docteur Carmouze, le seul qui assistât au combat du côté de la première colonne (2e groupe).

La nuit du 13 juillet fut calme. Les troupes françaises disponibles dans les concessions vinrent se placer en réserve près de l'arsenal de l'Ouest, prêtes à faire face à une attaque imprévue de l'ennemi sur le flanc gauche des Alliés.

Journée du 14 juillet.

Le 14 juillet au petit jour, les Japonais ayant fait sauter la porte du sud, les troupes françaises et japonaises s'engagèrent dans la cité murée. Les Français traversèrent le secteur nord-ouest, les Japonais le secteur nord-est. Une partie des maisons de la cité fut incendiée pour couvrir la marche dans les ruelles étroites et éviter de se laisser surprendre par les Chinois qui auraient pu tirer presque à bout portant.

Les Français et les Japonais débouchèrent vite à la porte nord de la cité, où ils s'étaient donné rendez-vous, tandis que les Anglais et les Américains, pénétrant à leur suite, fouillaient la ville, s'y installaient déjà, les uns au sud-ouest, les autres au sud-est.

Les réguliers chinois s'étaient retirés pendant la nuit avec la majeure partie des Boxeurs, chassant devant eux, dans la direction de Pékin, les trois quarts de la population chinoise de Tien-Tsin jusque-là enfermée dans la ville murée.

Les Russes s'emparèrent des derniers forts de la rive gauche et donnèrent la main aux autres Alliés qui avaient opéré sur la rive droite et débouché au yamen du vice-roi (Yu-Lu). De là, les Russes poussèrent jusqu'à l'arsenal de Sikou, dont ils s'emparèrent dans l'après-midi.

Tien-Tsin était enfin délivrée.

Les Chinois avaient éprouvé des pertes assez sérieuses, du côté des Russes surtout. Nous ne pensons pas que les troupes du 2e groupe aient fait beaucoup de victimes dans les rangs de l'ennemi. Ces gens-là savent si bien se cacher... fuir aussi?

Pourtant, jamais comme ce jour-là, le Peï-Ho n'avait roulé tant de cadavres chinois : Boxeurs ou réguliers, femmes, enfants, vieillards, mêlés à des cadavres d'animaux.

Les pertes en matériel de tout genre furent énormes pour les Chinois.

Les Russes surtout trouvèrent des batteries entièrement neuves, de beaux canons Krupp de campagne et de siège, dans les forts du camp retranché chinois, des quantités de munitions et d'armes blanches.

A Sikou, de grands approvisionnements de munitions et de matériel de guerre furent sacrifiés, brûlés. Les Russes, néanmoins, trouvèrent là pour plusieurs millions de matériel de campagne.

800 blessés ou tués de toutes nations furent le prix de cette victoire, qui fit sombrer la fortune des armées chinoises et décida l'impératrice et son esclave Kuang-Su, empereur, à envisager l'éventualité d'une retraite

vers le sud-ouest, laissant aux mânes des ancètres le soin de sauvegarder la capitale des Célestes.

Les pertes des Français pendant ces deux journées furent les suivantes :

Bataillon de l'école de médecine (lieutenant-colonel Ytasse). — 2 officiers blessés (MM. Pernot, capitaine, et Fabre, lieutenant); — Troupe : 4 tués, 6 blessés.

Bataillon Feldmann, cité murée (2e groupe). — 1 officier tué (lieutenant Piquerez); 2 officiers blessés (MM. Saillens, lieutenant, et Garrigue, sous-lieutenant); — troupe : 15 tués, 53 blessés.

Gare (compagnie Bonnabosc). — Troupe : 2 tués, 7 blessés.

Artillerie de marine. — 12e batterie (batterie Joseph) : 1 officier blessé (capitaine Joseph) ; — troupe 3 canonniers blessés.—13e batterie (batterie Julien) ; 2 officiers blessés (capitaine Julien, lieutenant de Battisti) ; — troupe : 4 canonniers européens blessés, 2 canonniers auxiliaires.

Total : 22 tués, dont un officier; 93 blessés, dont 9 officiers, y compris le chef d'escadron Vidal, attaché militaire, blessé dans la nuit du 13 juillet, sous la tente.

Le 14 juillet fut un vrai jour de fête. On pourrait facilement ajouter que la fête nationale française fut une fête internationale à Tien-Tsin, où la population retrouva les anciens jours de tranquillité.

Dans cette bataille, la part d'effort des Français fut énorme, comme on peut en juger par les pertes subies (environ 120 sur 800), et le récit de cette journée où les marsouins tinrent toujours la tête du mouvement « en avant... ».

Nous insistons sur ces mots « en avant », car au lendemain de cette victoire les feuilles anglaises locales et autres voulurent bien affirmer que les Français n'étaient pas restés en arrière — c'est tout dire — les Français avaient prouvé de nouveau qu'ils étaient les premiers soldats du monde.

Un ordre du jour du commandant des troupes françaises témoigna du rôle brillant que les Français avaient joué en Chine depuis le début de l'insurrection.

Cet éclatant hommage de satisfaction générale rendu à tous ceux qui avaient eu l'honneur d'être du corps d'avant-garde, permit de fixer le souvenir de ces journées pendant lesquelles tant de braves soldats avaient trouvé la mort ou avaient été blessés grièvement au champ d'honneur.

Pendant ces deux journées, les Japonais donnèrent encore un beau spectacle. Précieux effort que le leur à côté de celui des Français, au milieu desquels ils étaient confondus pendant l'action. Leurs principes militaires s'affirmèrent (combat bien mené, entrain déployé). Ce fut une leçon pour tous ceux qui les virent combattre, leçon qui devra porter ses fruits même pour ceux qui, jusqu'ici, sont restés indifférents aux progrès accomplis par cette nation, qui a si bien choisi son emblème « Soleil Levant ».

Période du 15 juillet au lendemain de la prise de Pékin

(14 - 20 août.)

Nous avons dit que, pour cette étude, nous avions choisi la forme du journal de marche.

Etant donné que le but principal que nous nous sommes proposé était de donner le plus de détails possibles sur le séjour en Chine des troupes françaises d'avant-garde, et que le nombre de combats, en dehors des murs de Tien-Tsin, est très limité.

Que, d'un autre côté, les éléments qui nous permettront, dans la mesure du possible, de donner une idée exacte des difficultés, privations, fatigues physiques ou morales subies par ces troupes pendant le siège, les combats ou les marches, peuvent être puisés dans les notes prises au jour le jour.

Nous ferons alterner, à compter de cette date, l'exposé succinct des notes du journal avec le récit des engagements qui ont eu lieu jusqu'à la fin du mois de septembre 1900, date à laquelle les vraies opérations militaires de l'expédition de Chine ont pris fin.

Au lendemain de la prise de Tien-Tsin, on organisa la défense de la ville chinoise.

Tandis que les Russes surveillaient la rive gauche, à hauteur de Sikou, les autres Alliés coopéraient à l'occupation de la ville murée en envoyant des détachements armés dans les différents secteurs.

La mise à sac de la cité murée aurait donné satisfaction aux différents Alliés.

Plusieurs soldats français meurent de leurs blessures.

52 blessés sont évacués sur l'hôpital du Yéro-Chima, que les Japonais ont gracieusement mis à la disposition des Français.

On ne sait rien de Pékin. (16 au 18 juillet.)

L'hôpital français de la rue du Consulat, à Tien-Tsin, un moment abandonné pendant le bombardement, est réoccupé.

On commente beaucoup l'action des Russes durant les derniers engagements. Grâce à eux, à leur mouvement tournant qui a permis d'enlever le camp retranché du Nord, la victoire du 13 juillet a été possible. Jamais les alliés ne seraient entrés, à l'Ouest, sans cette diversion.

De grands renforts sont attendus du Japon et de Port-Arthur.

Dans trois semaines, les Japonais seront prêts à marcher sur Pékin.

Les approvisionnements français commencent à se former. Les vivres de ration ne font plus défaut ; les trains arrivent en gare de Tien-Tsin.

Le 19 juillet. Un gouvernement provisoire, qui réglera les affaires publiques de la ville indigène de Tien-Tsin, est créé. Il est composé d'un représentant de chaque nation. Les Russes prennent la direction du chemin de fer de Takou à Tien-Tsin.

Le 20 juillet, appris que les Légations et le Pétang ont bénéficié du succès des alliés à Tien-Tsin le 13 juillet.

Le siège continue, mais les Européens ne sont guère inquiétés.

Arrivée de renforts japonais, russes et de siks.

Prévoyant la marche sur Pékin des troupes alliées, le gouvernement chinois propose de nouveau aux Européens de Pékin de se retirer sur Tien-Tsin. Cette proposition échoue. (22 juillet.)

De toute façon les troupes européennes iront à Pékin pour en finir. C'est le ton général. On veut une expiation.

Le petit corps expéditionnaire français va comme il peut, au point de vue installation et subsistances. Plutôt mal. On a beaucoup parlé des beaux approvisionnements chinois en artillerie et en munitions de toute sorte, du fournisseur de cet armement, dont l'intermédiaire obligé était présent à Tien-Tsin pendant le siège.

Du 23 au 26 juillet quelques groupes de Boxeurs sont surpris dans les maisons de la ville chinoise.

Un conseil des commandants des troupes alliées a lieu. On y discute le projet de marche en avant sans attendre la fin de la saison des pluies, qui, d'ailleurs, ne sévit guère.

Arrivée à Tien-Tsin du général Frey, qui prend le commandement du corps expéditionnaire français. Les préparatifs pour la marche sur Pékin se font. On recrute partout jonques et porteurs, pour amener les transports par voie de terre et par eau. (25 juillet.)

Nous confessons à regret que les moyens de transports français sont loin d'égaler ceux des Japonais, des Anglais et des Russes. Bien des services auxiliaires, santé, subsistances, font assez triste mine à côté des services similaires étrangers.

Ici, chaque nègre ou sik anglais traîne une voiturette. En attendant qu'il puisse s'en servir sur la route de Pékin, l'Anglais tire partie du coolie et du véhicule.

La plupart de ces nègres passent la journée dans les faubourgs fumant encore. Ils rentrent le soir traînant leur charrette... jamais vide. D'autres sont souvent chassés des maisons européennes des concessions où ils s'introduisent... sous prétexte de former leur goût dans le choix savant de meubles ou de bibelots précieux... chinois bien entendu.

Entre temps, après la garde, le soldat indigène anglais se transforme en marchand ambulant. On l'a vu se promener dans les concessions, un paquet sous le bras. S'arrêter aux carrefours, y installer des étoffes riches ou des objets précieux et se livrer à une vente à l'encan... toujours très fructueuse.

Le 27 juillet la nouvelle se confirme qu'à Pékin, la majeure partie des Européens est sous la sauvegarde des troupes régulières restées fidèles à l'impératrice. On se réjouit à Tien-Tsin de ce revirement, tant mieux. Mais qui peut dire encore ce que deviendront ces précieux otages. L'anarchie doit être si forte dans ce gouvernement chinois à l'heure actuelle, que l'on peut tout craindre pour les Européens.

Les avant-postes russes et japonais sont placés à environ 10 kilomètres de Tien-Tsin, un peu en avant de Sikou.

Les Chinois chassés de Tien-Tsin (réguliers du général Nieh) s'organisent défensivement à Peï-Tsang, où ils ont traîné quelques canons de campagne (Krupp).

Les rebelles profitent du repos des alliés à Tien-Tsin pour construire plusieurs lignes de tranchées autour des villages de Peï-Tsang. Afin d'inonder les environs de Sikou et de Peï-Tsang, ils ont détourné en grande partie le cours du Peï-Ho ; la coupure a été faite en aval de Peï-Tsang.

Du 28 au 31 juillet les approvisionnements de tout genre arrivent dans la place et pour toutes les troupes alliées. On tiraille aux avant-postes russes et japonais.

Le 30 juillet, les Japonais ont envoyé une forte reconnaissance vers Peï-Tsang. Cette reconnaissance s'est heurtée aux avant-postes chinois abrités derrière des fossés. Les Japonais ont subi quelques pertes, mais ils ont obligé les Chinois à abandonner quatre lignes de tranchées aux environs immédiats de Peï-Tsang.

Les nouvelles de Pékin sont bonnes. Les Légations et le Petang sont très peu inquiétés. (1-2-3 août.)

Réunion à Tien-Tsin d'un conseil de guerre le 3 août. Une grande reconnaissance internationale est décidée pour le surlendemain 5 août. Il s'agit de forcer les retranchements de Peï-Tsang et d'essayer de couper l'ennemi de Pékin.

Les Russes et les Français agiront sur la rive gauche de façon à exécuter le mouvement tournant projeté pour couper les communications aux Chinois.

Les autres alliés, Japonais, Anglais, Américains, opéreront sur la rive droite du Peï-Ho, enlèveront les villages de Ma-Tang, de Peï-Tsang, et donneront la main aux Franco-Russes au delà de Peï-Tsang sur la route de Pékin.

A cette date, la marche immédiate des troupes alliées sur Pékin semblait décidée. Les gros préparatifs pour les transports et le ravitaillement semblaient terminés. Cependant quelques alliés eussent préféré attendre l'arrivée des renforts envoyés d'Europe.

Même avec de faibles moyens et des hommes passablement fatigués, le commandant des troupes françaises semblait résolu à faire comme les autres alliés, Japonais et Russes surtout, qui avaient des moyens d'action suffisants.

Toujours est-il que, le 4 août, dès 5 heures du soir, quatre compagnies françaises, de 100 hommes chacune, placées sous les ordres du commandant Feldmann, quittèrent Tien-Tsin, ainsi que deux batteries, dont deux canons de campagne, pour aller prendre une position d'attente au nord de Tien-Tsin en vue du combat du lendemain.

Ce bataillon et l'artillerie bivouaquèrent à côté des Russes, au nord de l'ancien camp chinois (nord de la boucle du Peï-Ho).

Les autres alliés avaient campé également en dehors de Tien-Tsin, au débouché de la ville, entre le Peï-Ho et le canal Impérial.

Combat de Peï-tsang (5 août).

Sur la rive gauche.

Vers 5 heures du matin, une petite colonne, composée d'une compagnie (compagnie Bonnobosc) et d'une bat-

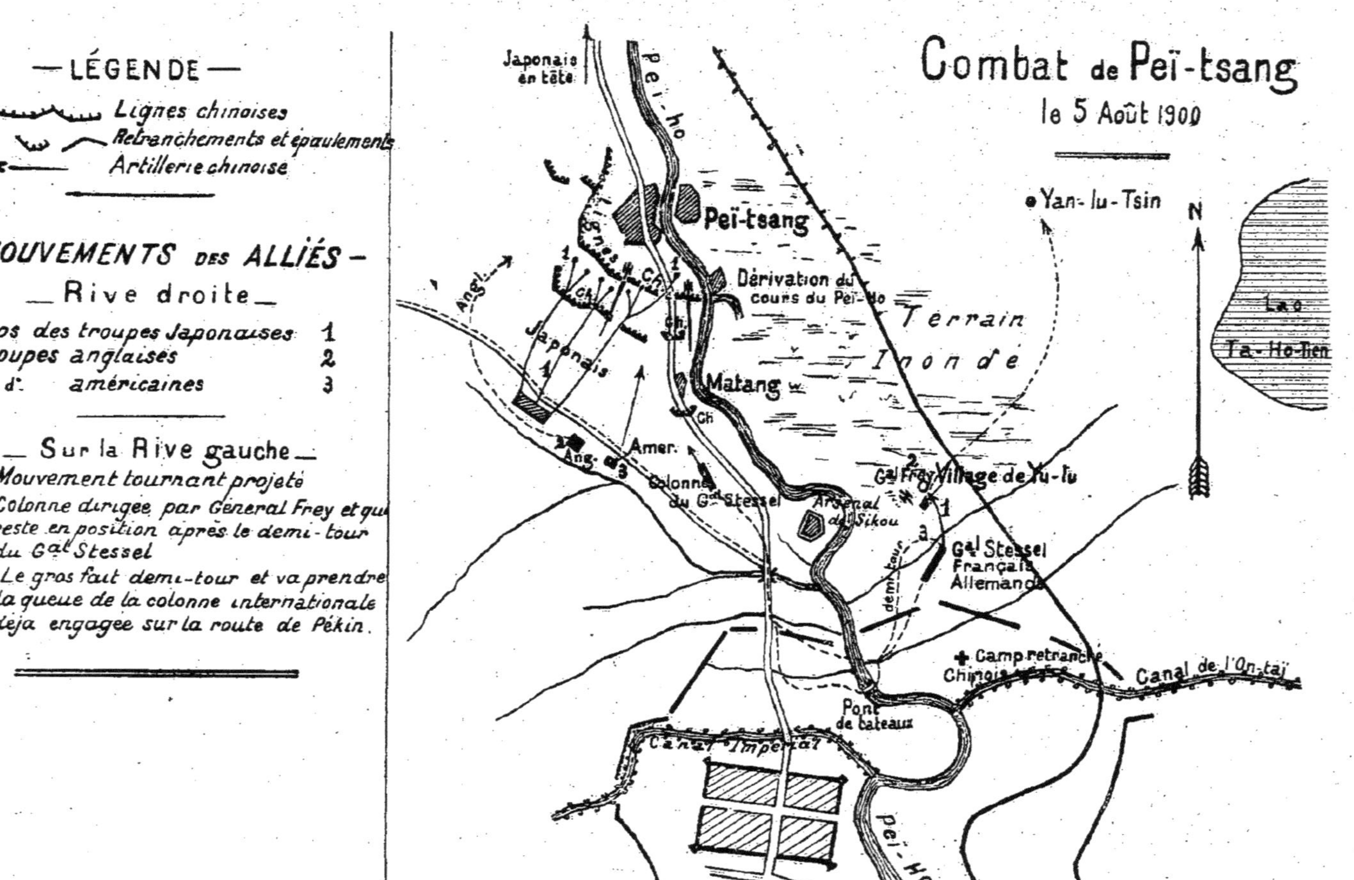
Combat de Peï-tsang
le 5 Août 1900
— LÉGENDE —
Lignes chinoises
Retranchements et épaulements
Artillerie chinoise
- MOUVEMENTS des ALLIÉS -
Rive droite
Gros des troupes Japonaises 1
Troupes anglaises 2
d° américaines 3
Sur la Rive gauche
1_ Mouvement tournant projeté
2_ Colonne dirigée par Général Frey et qui reste en position après le demi-tour du Gal Stessel
3_ Le gros fait demi-tour et va prendre la queue de la colonne internationale déjà engagée sur la route de Pékin.
Japonais en tête
Peï-ho
Peï-tsang
Lignes
Dérivation du cours du Peï-Ho
Terrain Inondé
Japonais
Angl.
Matang
Amer.
Ang.
Colonne du Gal Stessel
Arsenal de Sikou
Gal Frey
Village de Yu-Tu
Gal Stessel
Français
Allemands
demi-tour
Camp retranché Chinois
Canal de l'On-taï
Pont de bateaux
Canal Impérial
Peï-Ho
Yan-lu-Tsin
N
Lac
Ta-Ho-Tien

terie de montagne française, sous les ordres du général Frey, quitta le bivouac et commença le mouvement tournant vers le nord-est de Tien-Tsin, manœuvrant entre le Peï-Ho et la voie ferrée. Le village de Yu-Fu fut occupé sans résistance par cette petite colonne (croquis n° 10).

Le reste des troupes françaises était commandé par le colonel de Pélacot.

A 6 heures du matin, le bivouac est levé par le gros des troupes de la rive gauche, placé sous les ordres du général Stessel. Cette colonne doit, d'après le plan d'attaque, suivre la route tracée par la reconnaissance offensive dirigée par le général Frey.

Vers 7 heures du matin la marche des troupes de la rive gauche est arrêtée pour le gros de la colonne. On pateaugeait trop. Les digues avaient été rompues partout de ce côté, de façon à rendre le terrain impraticable.

Impossible donc d'engager de l'artillerie et des chevaux dans ce terrain.

Cependant, tandis que le gros de la colonne, avec le général Stessel faisait demi-tour et regagnait Tien-Tsin par le camp russe et le pont de bateaux, le général Frey, avec les pièces de montagne et la compagnie française, restait en position au delà de Yu-Fu, vers Yang-Lu-Sin, d'où il fit tirer le canon sur les retranchements ennemis visibles de ce point. Le poste russe (une compagnie environ), qui s'était avancé la veille sur Yang-Lu-Sin, se joignit à la colonne du général Frey.

Il était 8 heures du matin quand la colonne du général Stessel se trouva engagée sur la route de Peï-Tsang derrière les troupes japonaises, anglaises, américaines qui, à ce moment, avaient enlevé les retranchements de Peï-Tsang et filaient dare-dare sur Yang-Tsoun sans attendre les autres alliés.

Sur la rive droite.

Les Japonais, après avoir levé le camp de très bonne heure, le 5 août, se mirent en route sur Peï-Tsang, suivis par les Anglo-Américains. La colonne était commandée par le général japonais.

Les Japonais tenant la tête marchèrent résolument déployés, à partir de Sikou, dans le secteur qui se déroule, couvert de maïs et de sorgho, entre la route du canal de Pao-Ting-Fou et la route de Pékin longeant le Peï-Ho.

Tandis que les Japonais enlevaient la position de front, les Anglo-Américains arrivaient à peine sur la ligne de feu qu'ils prolongèrent, alors que les tranchées ennemies étaient évacuées.

Avec leur entrain habituel et leur courage aveugle, les Japonais traversèrent le groupe de villages de Peï-Tsang et coururent sur la route de Pékin à la poursuite des Chinois envolés après une fusillade nourrie, mais de courte durée. Les quelques canons que les Chinois avaient traînés à Peï-Tsang furent enlevés par les Japonais, qui, dès ce jour, marchèrent en tête de la colonne internationale en route sur Pékin.

Les Japonais avaient fourni le principal effort. Ils eurent un grand nombre d'hommes mis hors de combat, 250 environ.

Les troupes franco-russes et allemandes qui avaient opéré sur la rive gauche n'eurent pas de pertes. Le tir du canon français de campagne fut, paraît-il, très efficace. Cette section de campagne (capitaine Dubois) était restée avec le gros de la colonne (général Stessel).

Marche sur Pékin.

Ce succès rapide du 5 août décida de la marche immédiate sur Pékin avec les troupes disponibles.

Il fallait profiter de l'effet moral produit sur les Chinois en fuite. Les Japonais, bien informés sur l'état moral des Chinois, le comprirent si bien qu'ils forcèrent en quelque sorte les autres alliés à les suivre. D'ailleurs ils avaient exprimé l'intention de marcher seuls dès qu'ils auraient organisé leur colonne. Les chefs des autres troupes alliées durent entreprendre cette marche forcée, hardie, qui réussit pleinement, grâce à l'unité d'action, à cette entente qui, bien que factice pendant toute la campagne, ne cessa de régner parmi les alliés et démontrait bien ce principe que « l'union fait la force ».

Un arrêt eu lieu à Peï-Tsang pour les troupes françaises, et une grande partie des traînards des autres puissances.

Les quatre compagnies du bataillon Feldmann furent réduites à deux, capitaines M... et V... Avec ces deux compagnies et la 12e batterie de montagne, le commandant Feldmann reçut l'ordre de suivre le mouvement derrière les troupes russes, de manière à ne pas arriver trop tard à Yang-Tsoun.

La nuit du 5 août fut passée au bivouac de Peï-Tsang par les troupes françaises qui avaient pris part au combat de ce jour, moins les malades et les éclopés, qui, sous la conduite du capitaine Lionnet, rentrèrent à Tien-Tsin le soir vers 6 heures.

La petite colonne du général Frey n'avait pas rejoint le bivouac le soir du 5 août.

Le 6 août, vers 5 heures du matin, le bivouac français fut levé par les 300 hommes de la colonne Feldmann, qui se mit en route sur Yang-Tsoun.

A partir de cette date, ce qui reste de troupes françaises à Peï-Tsang ou ce qui pourra venir de Tien-Tsin marchera le plus vite possible, par fractions, derrière la

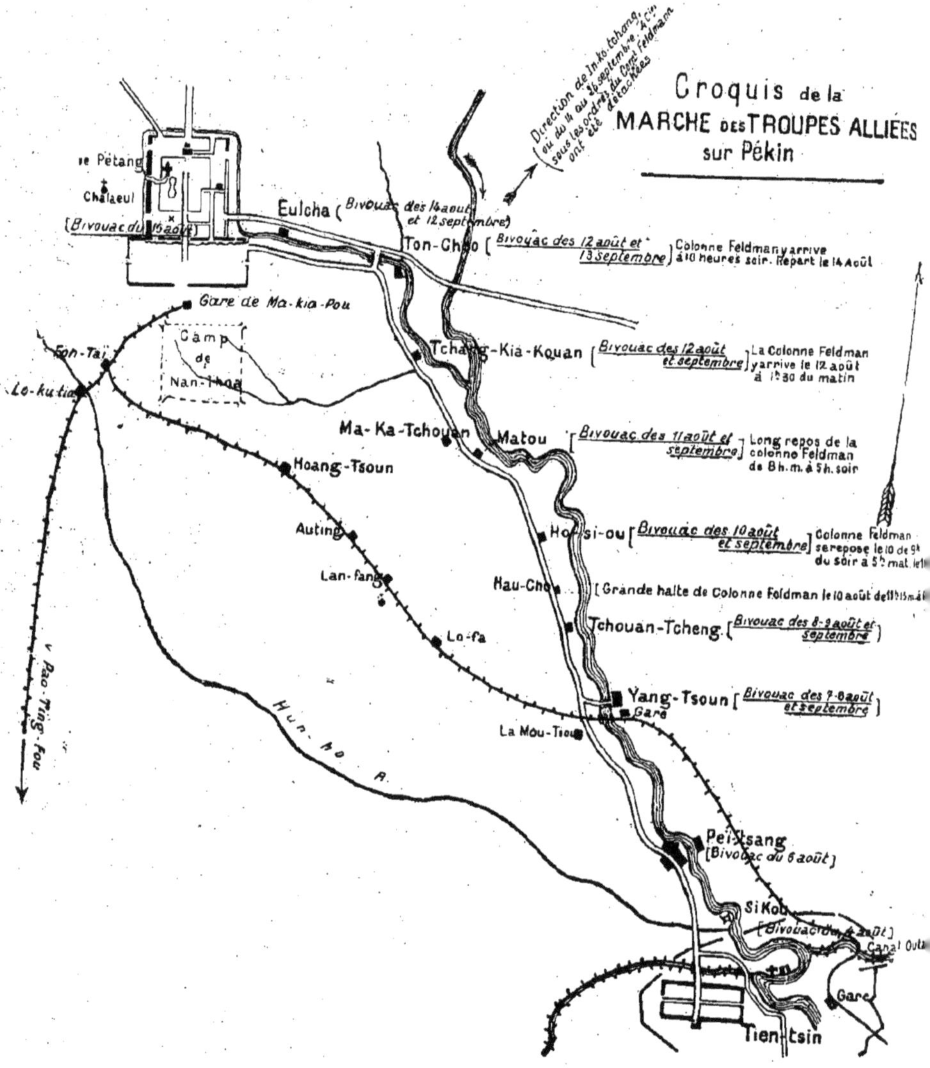

Croquis de la MARCHE des TROUPES ALLIÉES sur Pékin

Direction de In-ko-tchang, où du 14 au 26 septembre, 4 cies sous les ordres du Cdt Feldmann ont été détachées

Pétang
Chateaul
(Bivouac du 15 août)

Eulcha (Bivouac des 14 août et 12 septembre)

Ton-Choo [Bivouac des 12 août et 13 septembre] Colonne Feldman y arrive à 10 heures soir. Repart le 14 Août

Tchang-Kia-Kouan [Bivouac des 12 août et septembre] La Colonne Feldman y arrive le 12 août à 1h30 du matin

Ma-Ka-Tchouan

Matou [Bivouac des 11 août et septembre] Long repos de la colonne Feldman de 8 h. m. à 5 h. soir

Ho-si-ou [Bivouac des 10 août et septembre] Colonne Feldman se repose le 10 de 9h du soir à 5h mat. le 11

Hau-Cho [Grande halte de Colonne Feldman le 10 août de 11h15 mat.

Tchouan-Tcheng [Bivouac des 8-9 août et septembre]

Yang-Tsoun [Bivouac des 7-8 août et septembre]
Gare

La Mou-Tiou

Pei-tsang [Bivouac du 6 août]

Si Kou [Bivouac du 4 août]

Canal Outa

Gare

Tien-tsin

Gare de Ma-kia-Pou

Camp de Nan-Hoa

Fon-Tai

Le-ku-tia

Hoang-Tsoun

Auting

Lan-fang

Lo-fa

Hun-ho R.

v. Pao-Ting-Fou

colonne volante du commandant Feldmann, de manière à la rejoindre sous Pékin et à ne pas trop se laisser distancer par les alliés.

Tandis que le colonel de Pélacot organise les compagnies qui s'échelonneront sur la route de Pékin, le général Frey, arrivé dans la soirée, donne l'ordre à la compagnie Vincent (150 hommes, 3 officiers) de quitter Tien-Tsin, où elle était arrivée la veille, et de rejoindre à Yang-Tsoun. Le même ordre est donné à la compagnie Pock du bataillon du Tonkin.

Partie à 5 heures du matin, la colonne Feldmann n'arriva à Yang-Tsoun qu'à 5 heures du soir. Elle campa derrière les Russes, sur la rive gauche du Peï-Ho.

Yang-Tsoun avait été occupé sans résistance, le 6 août au matin, par les Japonais, Anglais, Américains et Russes.

Le 7 août les troupes françaises réunies à Peï-Tsang partent de ce point pour Yang-Tsoun, où elles arrivent dans la journée. Le général Frey et le colonel de Pélacot marchent avec elles.

Toutes les troupes alliées campent à Yang-Tsoun ce jour-là pour s'y reposer.

Les Japonais et les Russes installent leurs avant-postes un peu en avant de la ville; les premiers sur la rive droite, les Russes sur la rive gauche.

La colonne volante du commandant Feldmann est remaniée sans être réduite comme effectif. Les Russes jettent un pont de bateau sur le Peï-Ho en vue de la marche sur Pékin.

Une compagnie française (Pock) s'installera à Yang-Tsoun; les autres compagnies suivront, à une journée de marche au maximum, la colonne volante du commandant Feldmann.

Ces instructions données, le général commandant les troupes françaises redescend rapidement en jonque à Tien-Tsin pour y donner des ordres au sujet du transport des vivres et des bagages. Il arriva à Tien-Tsin dans la soirée du 7 août.

Le 8 août dès le matin, les Russes abandonnent la ligne d'avant-postes qu'ils occupaient sur la rive gauche du Peï-Ho et passent sur la rive droite. Ils marchent sur Pékin derrière la colonne japonaise et anglo-américaine.

Le bivouac français de la veille est abandonné et rétabli sur l'emplacement évacué par les Russes.

La colonne volante française quitta Yang-Tsoun vers 6 heures du soir. Elle s'arrêta vers 11 heures du soir au village de Tchouang-Tcheng, où elle campa.

La marche fut pénible. La chaleur était excessive, bien que l'on ait choisi la nuit pour marcher. Le ciel était de plomb, menaçant; l'atmosphère lourde.

La nourriture des hommes à cette époque était loin de s'être améliorée. On touchait à peine les vivres réglementaires. Les hommes commencent à commettre l'imprudence de se gorger d'eau du Peï-Ho ou des puits ; cette dernière est encore plus pernicieuse. En outre, les hommes mangent immodérément des fruits, verts pour la plupart.

Ces imprudences, contre lesquelles il n'était cependant pas facile de réagir faute de moyens pour améliorer l'alimentation, devaient être durement expiées quand les troupes prendraient un peu de repos. C'est l'hôpital qui les guette quand la réaction se produira dans ces organismes peu à peu minés par les fatigues de l'entraînement et les privations. Cette situation était la même pour toutes les troupes alliées en marche sur Pékin. Les Japonais et les Russes avaient cependant reçu des troupes fraîches avant de quitter Tien-Tsin. Ces alliés avaient quelques avantages sur les autres au point de vue moyens de transport et matériel de campagne : voitures légères, cuisines roulantes, etc., voitures à eau.

Le manque de matériel de ce genre pour les autres alliés ne saurait être interprété cependant comme une marque d'infériorité. Les autres troupes furent ravitaillées aussi bien qu'il était possible de le faire ; elles avaient leurs voitures chinoises, leurs jonques, leurs coolies.

On s'est, à notre avis, beaucoup trop exagéré l'importance du manque de moyens de transports analogues à ceux des Japonais et des Russes.

Pendant cette marche forcée, fiévreuse, il a été donné de remarquer que le nombre de traînards était considérable pour l'ensemble des alliés.

Il est incontestable que, parmi les troupes françaises, il y avait beaucoup d'hommes fatigués. Un bon tiers venait de Cochinchine. Ces hommes comptaient déjà un long séjour dans cette colonie. Ce qui ne doit pas être perdu de vue, c'est que, lors de l'organisation de la colonne, tous avaient demandé à marcher.

Et puis n'avaient-ils pas rempli leur rôle à l'admiration des étrangers, de fin juin au 12 juillet, alors qu'ils étaient à peine 800 pour garder leur concession et la gare !

La colonne volante du commandant Feldmann, partie de Yang-Tsoun après les Russes, couche à Tchouang-Tcheng. (9 août.)

Un convoi de vivres et de bagages rejoint à Yang-Tsoun, tandis que le général Frey, accompagné du docteur Carmouze, y arrive lui-même. Il est de retour de Tien-Tsin.

Le 10 août, vers 4 h. 30 du matin, la colonne volante française part de Tchouang-Tcheng pour Ho-Si-Ou. Elle s'arrête vers 11 h. 15 du matin au village de Han-Chô, à environ 12 kilomètres de Ho-Si-Ou. La colonne se déplace vers 6 heures du soir et arrive à Ho-Si-Ou à 9 heures pour s'y reposer.

Deux compagnies quittent Yang-Tsoun pour Ho-Si-Ou. Deux autres qui sont parties de Tien-Tsin le 9 août arrivent à Yang-Tsoun dans l'après-midi.

Les Russes travaillent activement à la voie ferrée de Tien-Tsin à Yang-Tsoun.

Les Anglais ont fait sauter la poudrière de Ho-Si-Ou.

La colonne Feldmann, partie d'Ho-Si-Ou le 11 août à 5 heures du matin, arrive à Matou vers 8 heures du matin. Après un long repos, elle part de Matou vers 5 heures du soir et arrive à 1 h. 30 de la nuit en amont de Tchang-Kia-Kouan, non loin de Tong-Tchéou.

Le général Frey arrive à cheval à Tong-Tchéou dans la matinée. Le colonel de Pélacot, qui organise les postes de la ligne d'étape, rejoindra avec les derniers échelons.

Les compagnies parties d'Ho-Si-Ou le matin arrivent à Matou vers 10 heures du soir.

Deux compagnies quittent Yang-Tsoun pour Ho-Si-Ou.

Une compagnie partie de Tien-Tsin le 10 août arrive à Yang-Tsoun dans l'après-midi. Un poste français commandé par un officier est installé à Ho-Si-Ou. Un poste est également installé à Matou.

Jusqu'à nouvel ordre, les malades et les éclopés de la colonne volante seront dirigés sur la formation sanitaire installée à Yang-Tsoun. Plus tard, le village de Matou ayant été reconnu insalubre, le poste français sera porté à Ma-Ka-Tchouang.

Le 12 août les troupes alliées arrivèrent près du but; l'agitation fiévreuse augmente. Les détachements se croisent, cherchent à se devancer et à arriver le plus vite possible sous les murs de la capitale.

Des hommes en grand nombre étaient semés sur la route; c'était forcé.

Ces traînards, ces convois de toute nationalité, il eût été facile à des groupes de partisans chinois de leur faire un mauvais parti.

La surveillance des hommes et du matériel que, pour une cause quelconque, il fallait laisser en route, était difficile pour la plupart des chefs de détachement qui avaient reçu l'ordre d'arriver coûte que coûte en un point déterminé, situé en avant de celui occupé par une colonne alliée que l'on comptait devancer et distancer.

On s'explique fort bien donc que quelques hommes, fatigués, aient, à certaines heures, pu échapper à la surveillance de leurs chefs pendant ces marches précipitées, transformées en records de vitesse.

Il y avait encore une excuse à ces désordres, à ces faiblesses. C'est que, le gîte étant atteint en un temps déterminé, il n'y avait plus d'effort à fournir, l'ennemi n'étant nulle part inquiétant. On n'eut pas à combattre en route, heureusement.

L'effet moral était produit sur les Chinois au lendemain du 5 août. Ce succès confirme le principe que seule la volonté d'aller de l'avant par une marche hardie, une poursuite vigoureuse, contre un ennemi qui s'est laissé ébranler et qui ne sait pas se ressaisir est le plus grand des facteurs pour assurer la victoire à l'assaillant.

Cette marche rapide de cinq colonnes alliées sur la

capitale des Célestes dut être pour ces derniers d'un effet terriblement puissant.

Certes, les Chinois en fuite devant cette masse de soldats marchant à pas de géant crurent durant dix jours avoir toute l'Europe à leurs trousses.

La colonne du commandant Feldmann arriva à Tong-Tchéou à 10 heures du matin.

Deux autres compagnies françaises y arrivèrent dans l'après-midi du même jour, très tard.

Le 13 août les distances faiblissent entre les colonnes alliées, éparses il y a quelques jours sur une distance de 110 kilomètres.

La course va finir sous les murs de Pékin, où toutes les troupes alliées vont se trouver réunies dans vingt-quatre heures.

D'un commun accord, elles doivent (c'était convenu entre les chefs) forcer les portes de la capitale, envahir la ville, dégager les ministres et les missionnaires et dicter la paix au gouvernement chinois.

A cette date, quatre compagnies françaises et deux batteries sont réunies à Tong-Tchéou. Une autre compagnie qui marche avec l'artillerie de campagne va y arriver dans la nuit du 14 août.

Un gîte d'étapes français est établi à Tong-Tchéou : deux officiers sont laissés à ce poste.

La colonne volante française est encore remaniée. On s'est débarrassé des éclopés.

Les assiégés des légations apprennent que la colonne internationale est aux portes de Pékin.

Les Japonais, Russes, Anglais, Américains, etc., précédant la colonne française d'une demi-journée environ, étaient très près des murs de Pékin et avaient pu communiquer avec les assiégés des légations seulement.

La colonne française, conduite par le général Frey, quitta Tong-Tchéou à 1 heure du matin le 14 août. Quatre compagnies et deux batteries de montagne sont réunies au cantonnement de l'Ecluse, à Eulcha, vers midi. La colonne était passée du sud au nord du canal.

Les deux compagnies qui marchent avec la batterie de campagne arrivent à Tong-Tchéou dans la journée.

Les autres alliés entrent dans Pékin, dans l'après-midi du 14 août, par différentes portes. Chaque colonne a choisi son coin d'après la valeur supputée du lot.

Quelques siks seraient arrivés dès le matin du 14 août aux légations; ils s'étaient glissés dans les fossés des égouts de la ville pour arriver sans encombre. La cour chinoise avait quitté le palais impérial la veille. Elle était en fuite vers Si-Ngan-Fou. Il eût été facile à une colonne de cavalerie de tomber sur les derrières du convoi.

La colonne française quitta Eulcha de très bonne heure dans la matinée du 15 août; il était environ 7 heures quand elle arriva à la légation de France par la porte de Ha-Ta-Men, sans avoir tiré un seul coup de fusil.

Les rebelles avaient abandonné le quartier des légations dès le 14 au matin.

Le Pétang était encore cerné par les Chinois. La ville jaune tenait ses portes fermées sur la face Ouest.

Les ministres délivrés, le gros des troupes françaises, auquel s'étaient joints quelques volontaires des légations, courut au secours du Pétang.

Vers 5 heures du soir, après une marche assez lente au sud de la ville jaune, le bivouac fut installé contre les murs de la ville impériale, vers la porte jaune.

Un bataillon russe et quelques centaines de siks s'étaient joints à la colonne française en marche sur le Pétang pour la délivrance des missionnaires.

Le 16 août, dès 6 heures du matin, la colonne de secours s'avança sur le Pétang par le côté sud-ouest de la ville jaune.

Les Japonais (1/2 bataillon) avaient déjà, la veille, essayé d'enlever la porte jaune, barricadée et défendue par les Chinois en grand nombre qui ne se retirèrent que lorsque la porte jaune fut canonnée.

Quelques centaines de Chinois résolus enserraient encore les missions et gênaient la marche de la colonne de secours dans les rues avoisinantes du Pétang.

Au cours de la marche, un chef de bataillon, un capitaine et trois hommes d'infanterie de marine furent blessés; deux hommes furent tués.

La porte Jaune enfoncée, Japonais et Russes s'engagèrent dans les rues du Pétang, tandis que les hommes d'infanterie de marine escaladaient le mur Jaune et entraient dans le Pétang par les portes latérales et les brèches.

Le drapeau français flotta le soir même sur la montagne de Charbon (Mé-Cha), située au nord du palais impérial.

La batterie de campagne française, avec ses compagnies de soutien, avait rejoint Pékin le 15 août au soir.

Le colonel de Pélacot, avec une compagnie, était en marche sur Pékin, où il arriva dans la journée du 20 août. Un peloton français fut détaché au Pétang comme poste permanent pendant le séjour des troupes à Pékin.

A compter du 17 août, les troupes alliées s'installèrent dans Pékin, chacune dans le secteur qui lui fut attribué, après entente entre les chefs.

Les troupes s'employèrent au rétablissement de l'ordre dans la capitale et ses environs immédiats.

Les Russes poussèrent jusqu'au palais d'été, à 17 kilomètres nord-ouest de Pékin.

CHAPITRE II

Aperçu des événements survenus à Pékin : 1° aux légations; 2° au Pétang, depuis le départ de la colonne Seymour jusqu'à l'entrée des troupes alliées à Pékin.

Nous savons que, vers la fin du mois de mai 1900, un appel fut lancé aux troupes de la rade de Takou par le corps diplomatique européen de Pékin.

Environ 400 hommes de marine de toute nationalité purent arriver à Pékin avant que les communications fussent coupées entre la capitale et Tien-Tsin.

Le détachement français se composait de 3 officiers de marine et de 75 matelots. Ce renfort arriva à la légation de France le 31 mai.

Examinons les faits qui se sont passés à Pékin depuis le 4 juin, jour où toute communication fut interceptée. Nous ne saurions mieux faire que de résumer les récits de ce siège faits par des personnes qui ont vécu ces tristes journées.

1° Aux légations.

Le 31 mai, vers 4 heures du soir, le lieutenant de vaisseau Darcy s'installait à la légation de France avec 45 matelots, et l'enseigne de vaisseau Henry avec 30 autres marins allait se mettre à la disposition de Mgr Favier, au Pétang, siège de l'évêché des missions lazaristes du Petchili.

Au début de cette étude, nous avons signalé les événements qui se sont produits aux environs de Pékin de fin mai au 14 juin, période d'effervescence pendant laquelle on constata que les Boxeurs et la cour étaient entièrement de connivence, puisque les Boxeurs com-

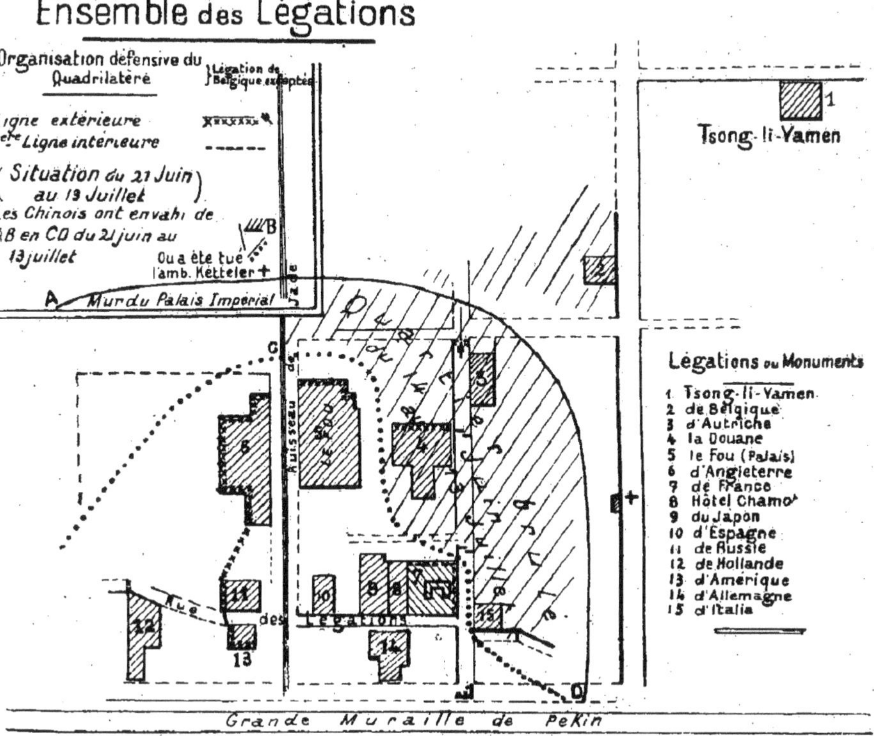

mirent les pires exactions sous les yeux mêmes des réguliers de Tong-Fu-Siang, appelés pour rétablir l'ordre.

Dès l'arrivée des renforts aux légations, les chefs de détachement se réunirent pour adopter un plan de défense. Il fut convenu qu'on ne ferait qu'un seul réduit de l'ensemble des légations et que les troupes se mettraient en commun pour la défense du quadrilatère qui contiendrait toutes les légations, sauf celle de Belgique.

Le chef du détachement anglais proposa de grouper tout le monde au consulat anglais et de centraliser la défense dans cette partie du réduit. Ce plan fut repoussé à l'unanimité.

Le 11 juin, le chancelier d'ambassade japonais fut tué. On ne retrouva le corps de cette victime que cinq jours plus tard.

Les incendies de la ville tartare près des légations devinrent de plus en plus fréquents. Le nombre de Boxeurs se montrant devant les légations alla grandissant dès que l'échec de la colonne Seymour fut connu à Pékin.

Les ministres ne savaient rien du résultat de la marche de la colonne Seymour. Cette colonne était pourtant arrivée à 40 kilomètres de Pékin.

Le 18 juin, le gouvernement chinois avisa les ministres qu'à la suite du bombardement des forts de Takou les affaires politiques étaient brouillées, rompues et qu'ils pouvaient se retirer sur Tien-Tsin. Les ministres avaient 24 heures pour exécuter cette retraite. Ils n'en firent rien; le guet-apens était trop visible.

Le 20 juin, les Boxeurs assassinèrent le baron de Ketteler, ministre d'Allemagne, qui, au nom de tous ses collègues, se rendait au Tsong-Li-Yamen pour y exposer des griefs au sujet de la conduite du gouvernement chinois vis-à-vis des représentants de l'Europe.

Il fut assassiné à quelques centaines de mètres de la légation de France. Un coup de feu fut tiré du poste chinois quand le cortège de l'ambassadeur passa par là dans la matinée, vers 8 heures. Ce n'est que vers 11 heures du matin que les ministres connurent l'assassinat du baron de Ketteler. Le chancelier qui l'accompagnait fut blessé et eut assez de peine à se dégager pour regagner la légation.

Le soir du 21 juin, les légations d'Italie et d'Autriche furent attaquées. Celle d'Autriche fût incendiée malgré les feux croisés des tireurs des légations de France, d'Angleterre et du Japon.

La légation d'Autriche était mal située pour la défense : éloignée du réduit, exposée sur trois faces. Les Européens se retirèrent en entraînant les volontaires de la

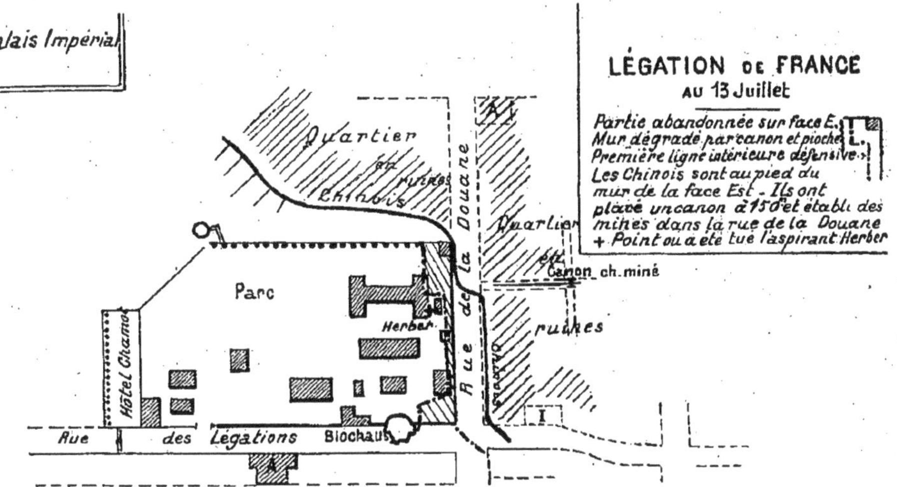

douane, qui allèrent se grouper à la légation d'Angleterre.

Le ministre d'Autriche et ses nationaux se réunirent aux défenseurs de la légation de France. Mme de Rosthorn rejoignit son mari; elle s'échappa de la légation d'Angleterre.

Le capitaine de frégate Toman de Montémar fut accepté par tous les officiers comme chef de tous les détachements et directeur de la défense. C'était le plus ancien officier. Il s'adjoignit le capitaine Labrousse, de l'infanterie de marine, de passage à Pékin et un lieutenant de vaisseau autrichien.

La légation de France, comme le consulat, à Tien-Tsin, se trouve placée au premier plan de la défense. Sur un périmètre d'un kilomètre environ elle est entourée d'un grand mur. Elle est accessible de trois côtés : au nord, à l'est et au sud. La face ouest est garantie par un hôtel tenu par la famille Chamot. Cet hôtel fût mis en état de défense.

La légation d'Italie, à l'est, ayant été incendiée le 22 juin, celle de France se trouva absolument à découvert de ce côté. Les Italiens allèrent concourir à la défense du « Fou », bâtiment situé à l'est de la légation d'Angleterre.

Les barricades avancées dans les rues avoisinantes des légations durent être abandonnées dès le 22 juin, parce que les Chinois avaient incendié les maisons entre

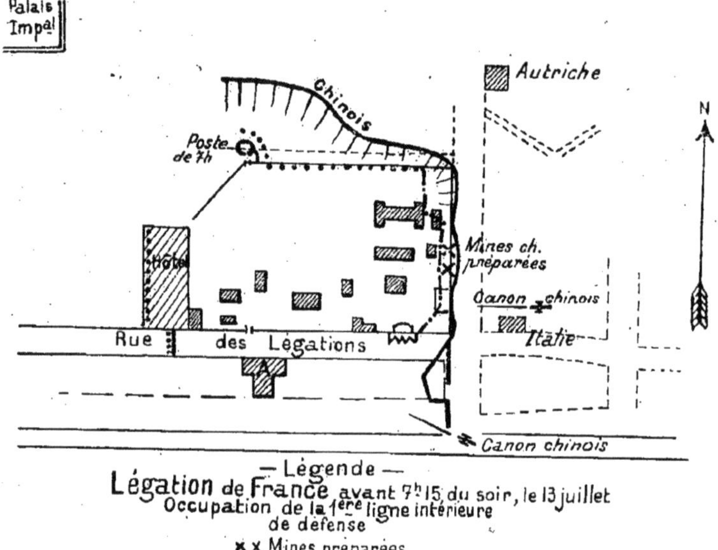

— Légende —
Légation de France avant 7h15 du soir, le 13 juillet
Occupation de la 1ère ligne intérieure de défense
× × Mines préparées

les légations, s'y étaient installés pour, de là, tourner ces barricades et tirer derrière leurs défenseurs.

Les volontaires de la légation de France et le détachement de marins durent donc se confiner dans les cours de la légation, et défendre les bâtiments pied à pied.

Il y eut un moment de panique parmi les assiégés. Cette fausse manœuvre n'eût pas heureusement de conséquences fâcheuses. Le ministre d'Angleterre réussit, pendant une heure environ, à grouper autour de son hôtel presque tous les défenseurs des légations.

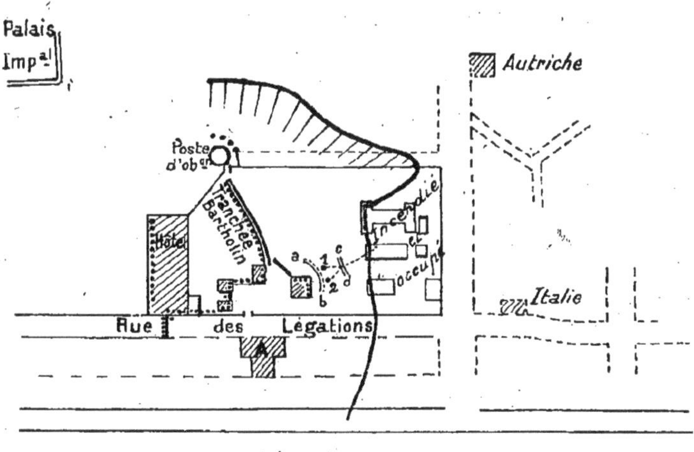

— Légende —

Légation de France après l'assaut du 13 juillet
à 7 h 30 du soir. Explosion des mines.
1° 2° Nouvelles mines chinoises.
Contre-mines faites par défenseurs.
Les Chinois incendient défenseurs occupant la 2e ligne intérieure jusqu'au 14 août.
Un moment les Chinois croient que les défenseurs creusent des mines à leur tour. Ils se livrent alors à un travail de contre-mine: cd

Les ministres, avisés de ce déplacement dangereux, firent de suite réoccuper leur légation par leurs défenseurs, marins ou volontaires.

Quand les défenseurs de la légation de France eurent abandonné la ligne extérieure de défense pour s'enfermer dans le consulat, les Chinois essayèrent de faire sauter le mur de la face est. Après d'assez longs tâtonnements, ils réussirent à attaquer ce mur avec le pic et la pioche sous le feu même des défenseurs. Durant cette manœuvre périlleuse les Chinois perdirent beaucoup de monde.

La brèche faite, ils construisirent avec des poutres une barricade d'où ils pouvaient tirer dans la cour du consulat, à une très faible distance des murs du Parc. C'est pendant cette lutte rapprochée qu'au moyen de paille imbibée de pétrole les défenseurs réussirent à incendier une des barricades de l'ennemi qui n'était plus qu'à quelques mètres des bâtiments.

Cette situation dura jusqu'au 23 juin. Ce jour-là, toutes les légations furent simultanément attaquées.

Les Chinois amenèrent un canon dans une petite ruelle de la face est, et, à moins de 150 mètres du mur du parc, tirèrent sur la légation de France qui, peu à peu, fut dégradée et rendue inhabitable en partie. Les défenseurs furent obligés de reculer en abandonnant pièce par pièce les bâtiments de la légation canonnée. Mais, dès que la canonnade cessait, les défenseurs réoccupaient les bâtiments en ruines mais non incendiés encore.

Durant cette période critique, qui se prolongea jusqu'au 13 juillet, les Allemands, les Américains, les Japonais, éprouvèrent des pertes assez sérieuses.

Le lieutenant de vaisseau Darcy sollicité, envoya quelques renforts à ces différentes légations : 20 hommes au *Fou*, 5 marins aux Allemands. Les Japonais reçurent aussi 5 matelots français.

Le 25 juin, un canon italien fût traîné sur la muraille pour essayer de déloger les Chinois qui inondaient de plomb la cour du consulat de France.

Une fausse proclamation, par laquelle le gouvernement chinois disait que les Européens pouvaient sans crainte circuler dans la ville, fut collée devant les légations. On ne se laissa pas prendre à ce jeu.

Le 26 juin, les légations de Russie et d'Amérique demandent du renfort à la légation de France. Le lieutenant de vaisseau Darcy fut obligé de refuser du secours malgré son désir d'être agréable. En quatre jours, quatre matelots français avaient été frappés mortellement.

Une accalmie se produisit dans le tir de l'ennemi dans l'après-midi du 27 juin. M. Pichon sortit un moment de la légation d'Angleterre pour aller visiter son palais bien ruiné déjà. Cette accalmie ne dura pas.

Quatre matelots français furent blessés le 28 juin, dont un mortellement. L'aspirant Herbert tomba frappé mortellement d'une balle à la tête, le 29 juin. Cet officier surveillait et tirait sur l'ennemi de la face est.

Du 1er au 5 juillet, les Japonais firent quelques sorties pour essayer d'enlever aux Chinois un canon qui ne cessait de tonner contre les légations. Efforts inutiles; ils eurent trois tués et quatre blessés. Les Allemands et les Américains perdirent également quelques hommes pendant cette période.

Le 6 juillet, nouvelle tentative des Japonais pour enlever le maudit canon qui les décimait. Ils n'aboutirent à rien et se firent ramener avec un officier tué et deux hommes blessés.

La fusillade et la canonnade deviennent de plus en plus nourries les 7, 8 et 9 juillet.

Trois matelots français sont blessés. Le capitaine de frégate autrichien fut tué à son poste d'observation.

Le 13 juillet, la matinée fût calme; l'après-midi, vers 6 h. 30, les Chinois firent une attaque simultanée des légations au son du tam-tam et des trompettes de Tong-Fu-Siang. Les trois faces exposées de la légation de France furent cernées par les rebelles.

Une grande détonation se fit entendre vers 7 heures du soir. Quelques maisons de la légation de France s'effondrèrent. Deux mines venaient de sauter sur la face est. La commotion fut énorme. Le lieutenant de vaisseau Darcy et le ministre d'Autriche faillirent être écrasés derrière la barricade. Deux marins français restèrent dans les décombres.

Pendant qu'à l'est les mines sautaient, les Chinois attaquaient et canonnaient de deux côtés le blockaus de la porte d'entrée de la légation de France.

Les défenseurs du blockaus, Autrichiens en grande partie, durent se retirer, ainsi que les autres défenseurs, marins ou volontaires.

La deuxième ligne de défense intérieure, qui allait de la chapelle à la barricade nord, par le pavillon des étrangers et la tranchée Bartholin (nom du volontaire qui l'avait fait creuser), fût alors occupée par les défenseurs de la légation de France.

Toute place abandonnée par les Européens, sur les faces nord, est et sud, était immédiatement occupée par les Chinois qui, ce jour, réussirent à tout incendier.

Du blockaus abandonné et des faces est et sud, les Chinois tirèrent deux heures durant sur les défenseurs placés derrière la deuxième ligne de défense intérieure, qui attendaient résolument le choc, baïonnette au canon. Un volontaire fût blessé légèrement durant cette fusillade.

Les rebelles avaient envahi la moitié de la légation de France. A partir du 15 juillet, la fusillade se ralentit considérablement. Les ministres furent invités à se rendre au Tsong-Li-Yamen, pour y traiter. On n'en fit rien, bien entendu.

Les défenseurs des légations profitèrent de l'accalmie produite pour réorganiser et renforcer leur deuxième ligne de défense intérieure.

Les quelques réfugiés chinois des légations furent employés à des travaux de contre-mine, entre le pavillon des étrangers et le kiosque à musique. De nouvelles barricades furent établies sur les points faibles. Pour obliger les indigènes à exécuter les travaux de contre-mine, il fallut les priver de nourriture, par punition. Les coups ne servaient à rien. On ne craignait pas de les voir s'enfuir des légations. Ils auraient été trop mal reçus dans le camp adverse.

Le 17 juillet, le feu des réguliers chinois cessa subitement. L'écho de la défaite des rebelles de Tien-Tsin était arrivé à Pékin. La population des environs des légations, mêlée aux réguliers, se présenta devant les barricades. Les assiégés purent sans danger entrer en pourparlers avec les rebelles. Les soldats réguliers se montrent sans armes. Les habitants offrent des vivres. L'impératrice envoya quelques douceurs aux assiégés (melons, gâteaux, concombres...).

Quelques émissaires fidèles purent entrer aux légations et donner aux assiégés des nouvelles des affaires de Tien-Tsin. Ils sont informés que des renforts vont arriver d'Europe incessamment, et qu'une colonne internationale va se former pour marcher sur Pékin. Ces nouvelles étaient réconfortantes.

Une petite gazette se forma alors aux légations, sous le patronage du ministre d'Angleterre. Les assiégés allaient aux renseignements à la légation anglaise, à « Belle-Tower », où chaque jour un semblant de dépêche sur la marche des troupes alliées était affiché. D'aucuns disent que ces télégrammes étaient accompagnés d'un verset de la Bible. Cet organe de renseignements, improvisé, avait fait tellement naître la confiance chez les assiégés que ceux-ci comptaient être délivrés à la fin du mois de juillet, alors qu'ils ne le furent que le 14 août.

Bien que l'ennemi ait suspendu ses attaques pendant ces quelques journées de juillet, les Européens se tinrent partout sur leur garde.

Le 27 juillet, l'impératrice fit un nouvel envoi de douceurs aux ministres.

Le 28 juillet, la fusillade fut reprise. Elle ne devait plus cesser jusqu'à l'arrivée des troupes internationales.

Des affiches trompeuses, mentionnant que le gouvernement avait proclamé un édit de protection des Européens, furent collées devant les légations, le 6 août.

Les ministres demandaient en vain des explications sérieuses. Les assiégés furent accusés d'avoir suscité la reprise de la fusillade.

Bien que cernant toujours les légations, les rebelles se montrèrent de moins en moins agressifs. La fusillade était moins intense.

Cependant, du 6 au 12 août, les Français eurent à regretter la mort du capitaine Labrousse, de l'infanterie de marine et d'un matelot.

Le 13 août, les observateurs des légations perçurent le bruit du canon dans la direction de l'est. Les assiégés reprirent confiance; l'heure de la délivrance était proche.

En effet, le 14 août, vers 3 heures du matin, la canonnade se faisait entendre sur les portes de la ville. Dans l'après-midi, les légations étaient délivrées.

Le siège des légations avait duré 61 jours (du 14 juin au 13 août).

Les Français avaient perdu douze tués, dont deux officiers, vingt matelots furent blessés.

2° Au Pétang.

Le siège du Pétang a beaucoup d'analogie avec celui des légations, quant à l'acharnement déployé par les rebelles pour venir à bout de l'admirable résistance des défenseurs, composés de missionnaires, de 30 marins, de l'enseigne Henry, de marins italiens et de volontaires chrétiens armés par les soins des Pères.

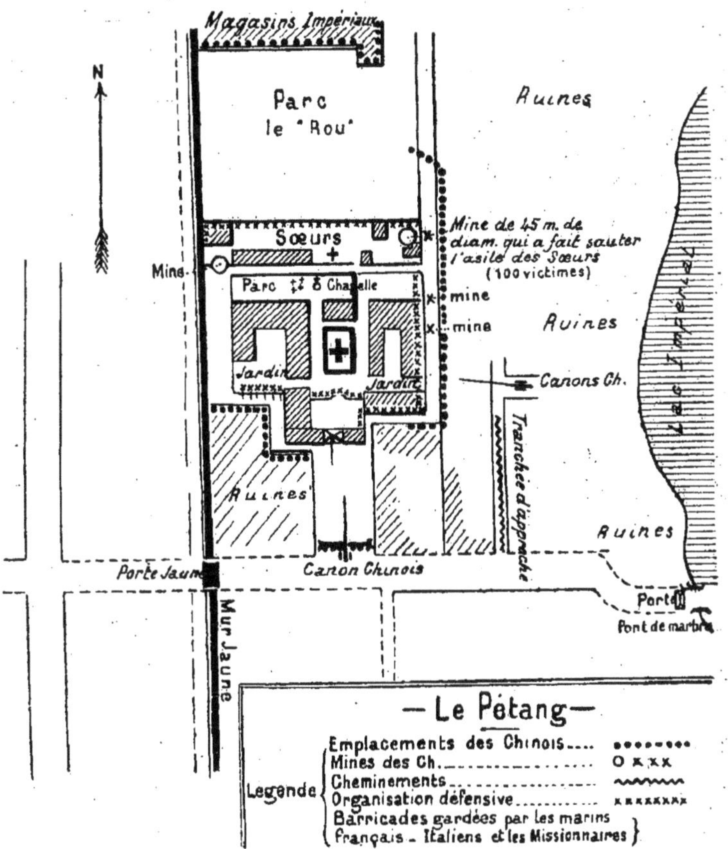

Officiers et missionnaires surent tirer un brillant parti de l'enceinte qui isole les bâtiments du Pétang des faubourgs de la ville Jaune. De tous côtés les rebelles pouvaient, grâce aux maisons chinoises très rapprochées de l'enceinte, voir ce qui se passait dans l'évêché et tirer dans les cours.

L'entrée du Pétang, solidement organisée pour la défense, ne put être forcée par les rebelles.

Soldats, volontaires et missionnaires tinrent au Pétang une conduite au-dessus de tout éloge.

Les souffrances morales et physiques furent certainement plus fortes au Pétang qu'aux légations, étant données la violence du feu de mousqueterie et la quantité d'obus tirés sur l'évêché. Le nombre de bouches inutiles était considérable, ce qui n'existait pas aux légations. Plusieurs milliers de chrétiens s'étaient réfugiés au Pétang.

Les défenseurs étaient là, complètement isolés, ne sachant rien du monde en dehors des murailles et de la cathédrale, où tant de prières ferventes furent dites en cette triste période qu'eurent à traverser les missionnaires, des vieillards, des femmes, des enfants et les sœurs de Saint-Vincent-de-Paul, dont l'asile avait été détruit en entier par l'explosion de formidables mines. Près de 100 chrétiens, femmes, vieillards et enfants, furent ensevelis ou tués par l'explosion de la principale de ces mines, dont l'entonnoir ne mesure pas moins de 45 mètres de diamètre à la surface du sol. La cathédrale elle-même était menacée par la mine si la délivrance avait retardé de huit jours.

Quinze défenseurs français ou italiens, dont l'enseigne Henry, trouvèrent la mort dans la défense du Pétang. La France eut sept tués et cinq blessés au Pétang.

Le père Jarlin, qui avait si bien organisé le service de ses volontaires chrétiens, avec lesquels il avait enlevé un canon au Chinois, s'était couvert de gloire. Plusieurs missionnaires furent blessés.

Les vivres allaient manquer; la ration était fort réduite au 16 août. La plupart des missionnaires s'étaient astreints à de longs jeûnes pour pouvoir assurer aux matelots leur ration de pain frais, de viande de cheval ou de mulet.

L'absence du ministre de France dura 55 jours environ. Des raisons de politique internationale, dit-on, l'avaient obligé à abandonner sa légation pour accepter l'hospitalité anglaise. L'honneur fut sauf, malgré tout, puisque la France put compter sur ses soldats et une poignée de volontaires dévoués.

Plusieurs assiégés ont raconté que deux femmes charmantes donnèrent pendant le siège un bel exemple de courage et de bonne humeur. La première, Mme de Rosthorn, femme de l'ambassadeur d'Autriche, qui tint à l'honneur de défendre la légation française, travaillait aux barricades, défiait l'ennemi en lui jetant des briques, et, bien que blessée, ne manqua jamais de prodiguer ses soins aux blessés et aux malades. Elle n'abandonna pas son mari.

La seconde, Mme Chamot, femme du propriétaire de l'hôtel de Pékin, seconda brillamment son mari pour les détails de l'approvisionnement en vivres des assiégés; s'exposant souvent pour accomplir une mission périlleuse : recherche de provisions dans les quartiers troublés, transport de malades, etc.

Du 20 août à la prise des forts de Peh-tang (19-20 septembre). Arrivée des premiers renforts.

Vers le 20 août, les premières troupes françaises venues d'Europe (17e régiment d'infanterie de marine, débarquent à Tien-Tsin; elles sont dirigées sur Pékin.

Le 28 août eut lieu à Pékin le défilé des troupes internationales dans le Palais impérial. Cette cérémonie fut exécutée avec le plus de pompe possible.

Depuis cette date, les appartements privés des souverains de la Chine n'ont plus rien de secret. Cette profanation a certainemnt été très humiliante pour la cour chinoise.

Cette période est celle de l'installation, à Pékin et à

Tien-Tsin, des corps et services des forces alliées. C'est une période de demi-farniente.

Dans les premiers jours de septembre, les marins qui ont survécu à la défense des légations et du Pétang sont ramenés en rade de Takou, sous la conduite du lieutenant de vaisseau Darcy.

Les renforts d'Europe débarquent journellement à Tien-Tsin Français, Allemands, Italiens, etc.

Le nombre de malades parmi les trois bataillons (deux de Cochinchine, un du Tonkin) qui ont formé l'avant-garde du corps expéditionnaire français allant grossissant d'une façon inquiétante, le ministre a décidé que les hommes valides de ces trois bataillons seraient groupés en un bataillon qui, joint aux deux bataillons de marche venus de France, servirait à constituer le nouveau 16e régiment d'infanterie de marine.

Tous les hommes rapatriables pour fin de séjour colonial, ou trop fatigués pour rester aux colonies, seront dirigés sur la France. Les autres retourneront au Tonkin ou en Cochinchine, pour leur éviter les rigueurs de l'hiver en Chine.

En vue de ce remaniement du 16e régiment et de la reconstitution des compagnies avec les nouveaux éléments, la concentration des anciens détachements se fit à Tien-Tsin, dès le 12 septembre. Les unités stationnées à Pékin reçurent l'ordre de rejoindre par étapes.

Le général Frey, voulant donner satisfaction aux demandes formulées par les missionnaires de la région de Tong-Tchéou, fit organiser une petite colonne pour opérer dans la direction nord-est de Tong-Tchéou et disperser quelques bandes de rebelles qui venaient encore troubler la chrétienté de Hin-Ko-Tchang.

Le colonel de Pélacot, secondé par le commandant

Feldmann, eut la direction de cette colonne, à laquelle prirent part quatre compagnies et un peu d'artillerie.

Du 13 au 20 septembre, les éléments du corps français d'avant-garde, échelonnés sur la ligne d'étapes de Tien-Tsin à Pékin, sont relevés par des éléments des 17e et 18e régiments d'infanterie de marine, nouvellement arrivés de France, et rentrant à Tien-Tsin par petites journées.

Les troupes allemandes débarquent à Tien-Tsin.

Avant l'hiver, 10.000 à 15.000 Allemands seront réunis au Pet-Chi-Li.

Depuis le 27 juin, les Chinois refoulés par les Russes au delà de l'arsenal de l'Est et de la voie ferrée de Takou - Tien-Tsin, s'étaient cantonnés dans les villages et le camp retranché du Pétang, au nord de Tong-Ku.

Le camp retranché du Peh-Tang, occupé par une grande partie de l'armée chinoise de l'Ou-Taï et de Chan-Haï-Kouan, est un point stratégique de premier ordre sur la route de Mandchourie, par le front de mer. Les points de la côte, entre la rade de Takou et celle de Chang-Haï-Kouan, favorables à un débarquement, sont rares.

Pour aller sur Pékin, en dehors de la voie ferrée Tien-Tsin - Pékin, ou la route de la Muraille par Chan-Haï-Kouan - Yung-Ping-Fou - Tong-Chiou, il faut, sur un assez long parcours, utiliser la voie ferrée de la côte ou remonter, pour débarquer en pleine terre, un des grands cours d'eau qui débouchent entre Takou et la baie de Shallow.

Or, le plus favorable de ces cours d'eau, le Peï-Tang-Ho, et la voie ferrée de la côte sont commandés et battus par les feux des forts de Peh-Tang et de Chan-Haï-Kouan, soit que l'on veuille remonter le Peï-Tang-Ho ou débarquer dans la baie de Chin-Van-Tao (Shallow).

D'un autre côté, en vue des transactions hivernales, il fallait rendre accessible la voie ferrée Tong-Ku - Chan-Haï-Kouan, car, le Peï-Ho et la rade de Takou étant obstrués par les glaces durant près de cinq mois, on ne pouvait songer à ravitailler les troupes par ce point, de novembre 1900 à mars 1901.

Il fallait donc profiter des beaux jours pour s'ouvrir la voie de Chan-Haï-Kouan et la restaurer en grande partie, car de forts dégâts ont été commis par les rebelles.

Une colonne internationale fut organisée à Tien-Tsin dans le but de chasser de Peh-Tang les forces chinoises qui y étaient retranchées et de les refouler au nord pour dégager la voie ferrée.

Les opérations en Mandchourie étant à cette époque très actives encore, l'attaque du camp retranché de Chan-Haï-Kouan fut remise à de meilleurs jours.

Cette opération devait se faire au commencement du mois d'octobre.

Prise des forts de Peh-tang (19-20 septembre). — Du 20 septembre jusqu'au jour ou les troupes venues de Cochinchine et du Tonkin sont groupées à Tien-tsin pour être disloquées et rapatriées pour la majeure partie (fin septembre 1900).

Pour indiquer la part prise par les troupes françaises à l'enlèvement des forts de Peh-Tang, nous ne saurions mieux faire que de donner une copie du rapport du lieutenant-colonel Leblois, de l'infanterie de marine, qui commanda le détachement français les 19 et 20 septembre 1900.

Le détachement français, mis à la disposition du lieutenant-général baron de Stakelberg, commandant les troupes russes, pour l'attaque de Peh-Tang, a été formé :

de trois compagnies du 2e bataillon de marche d'infanterie de marine (commandant Rilba); de deux compagnies du 3e bataillon de marche d'infanterie de marine (commandant Collinet); d'un peloton du 16e régiment d'infanterie de marine. Les compagnies à 150 hommes. De la 6e batterie de montagne du régiment d'artillerie de marine de l'Indo-Chine (six pièces de 80 de montagne), et d'une section d'artillerie de campagne (deux pièces de 80 millimètres). Au total, 800 hommes d'infanterie et 8 canons. (Croquis n° 22.)

Ce détachement, placé sous les ordres du lieutenant-colonel Lebois, a été dirigé, le 19 septembre 1900, à 6 heures du soir, par voie ferrée de Tien-Tsin sur Sin-Ho, et, de là, s'est rendu au bivouac de Si-Dao-Zao, à 10 kilomètres à l'ouest de Peh-Tang, où il est arrivé le 20 septembre, entre 1 heure et 2 heures du matin.

Au point du jour, il reçut l'ordre de marcher sur Peh-Tang, derrière le 12e régiment de chasseurs russes, qui lui-même marchait derrière les Allemands.

Par suite de cet ordre, il se trouvait faire partie de la réserve. La colonne fut formée l'artillerie entre les deux bataillons d'infanterie, le 2e bataillon en tête, et suivit la gauche des chasseurs russes qui passa devant elle à 7 heures du matin.

Il n'était question encore que de prendre une nouvelle position de bivouac à 5 kilomètres plus près de Peh-Tang, le commandant en chef ne pensant pas, à ce moment, pouvoir donner l'assaut aux forts, avant le soir.

Mais, aucune troupe ne s'arrêtant à cette position, la colonne française continua aussi de marcher assez rapidement jusqu'à 9 heures. Le lieutenant-colonel dut laisser faire une halte d'un quart d'heure, parce que les hommes commençaient à ralentir le pas, et qu'il y en avait déjà un certain nombre restés sur la route. Ils étaient très chargés et déjà fatigués avant la marche par un débarquement de chevaux et de matériel en pleine voie et pendant l'obscurité, qui avait duré près

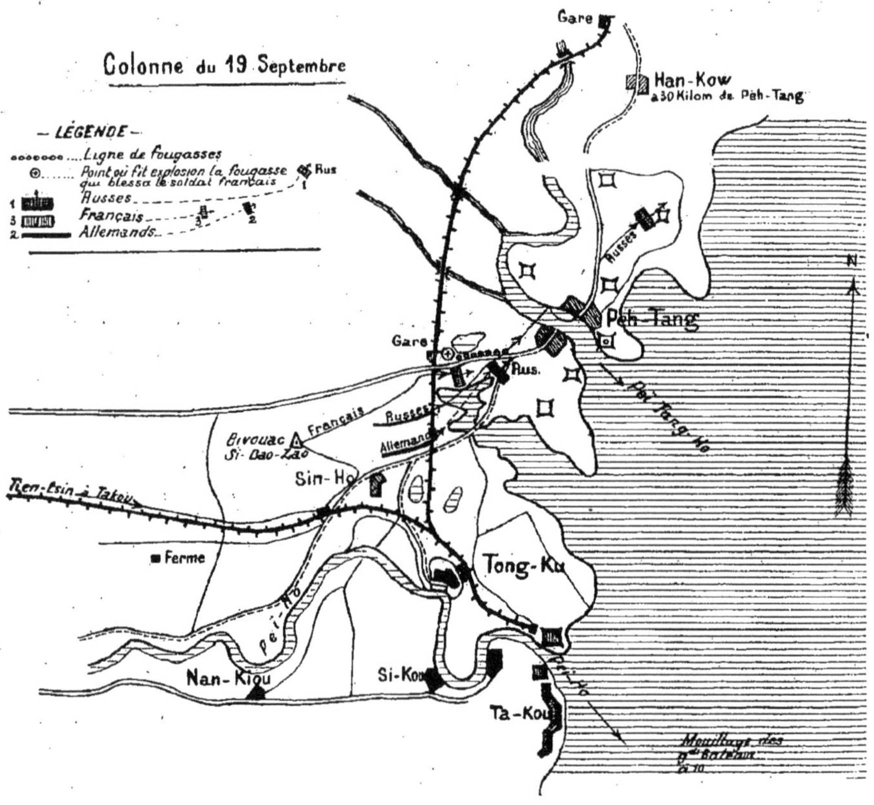

de trois heures; par la marche de nuit qui avait suivi; par un bivouac sans eau, et, enfin, par une longue attente sous les armes, depuis le point du jour.

Pendant cette halte, le lieutenant-colonel envoya un capitaine d'artillerie qui lui était adjoint demander au général-major Tserpitzki, sous le commandement immédiat duquel il était placé, de nouveaux ordres pour son détachement. Le capitaine rapporta celui d'entrer en ligne à la gauche des Allemands, et de façon à former avec l'infanterie et les pièces de campagne la gauche de toute la ligne, laquelle longerait le chemin de fer de Peh-Tang à l'Ou-Taï, face aux forts; de se garder sur le flanc découvert et d'envoyer au général la batterie de montagne qui devait former réserve au centre. Cet ordre lui fut répété ensuite par le colonel russe, chef de bureau des étapes, que le lieutenant-colonel, qui était en avant, trouva sur la route, et dont il reçut aussi les renseignements les plus précis et les plus utiles sur la position à occuper, le chemin à tenir, en évitant la partie de la route encore minée, et sur l'objet final de notre attaque, qui était le fort n° 2.

Le lieutenant-colonel fit aussitôt doubler le 2e bataillon par la section d'artillerie de campagne, afin de la placer entre les Allemands et son infanterie et celle-ci reprit la marche en longeant à droite le bord de la route minée.

Elle fut croisée à ce moment par de l'artillerie de campagne russe qui, se mettant en batterie au galop, à gauche de la route, ouvrit un feu très vif sur le fort.

Toute la marche s'était faite, du reste, sous la protection des batteries de siège qui avaient presque complètement éteint le feu des forts.

Peu après, le capitaine commandant la section de campagne, arrivant dans une excellente position qui prenait d'écharpe le fort, demanda à son tour à ouvrir le feu, ce qui fût approuvé. Mais, à ce moment, arriva l'ordre de presser la marche et de prendre part à l'assaut, qui allait être donné six ou sept heures avant qu'on ne l'avait pensé.

Le lieutenant-colonel, comprenant que le général russe appliquait avec un à-propos admirable la maxime de Napoléon, « que lorsqu'on peut se servir de la foudre, il faut la préférer au canon », fit mettre les pièces sur les avant-trains et poussa tant qu'il pût son infanterie, en laissant en arrière tous ceux qui ne pouvaient plus marcher.

Il arriva ainsi un peu après 10 heures à l'entrée des marais qui défendent l'approche de la ville de Peh-Tang, sur une profondeur de 1.500 mètres. Une compagnie russe y entrait et un officier d'ordonnance nous y attendait pour nous montrer le chemin.

Il eût été impossible de traverser cette inondation sous la charge du sac, de sorte qu'il fallut faire déposer les sacs, malgré les grands inconvénients de cette pratique. A mesure qu'une compagnie les avait déposés, elle entrait dans l'eau, les officiers en tête.

Cette traversée de marais dans l'eau jusqu'au ventre et dans un pied de vase dura près d'une heure, si vite qu'on put faire. Elle eût été impossible si les Chinois avaient fait un feu vif, parce que tous les blessés qui seraient tombés auraient été étouffés sur-le-champ, dans cette vase putride. Mais, se faisant sans recevoir de balles, elle ne fut que pénible. Aussitôt, la terre ferme gagnée, la 1re compagnie, puis sucessivement les autres, se mirent en ligne, à droite de la compagnie russe, et prirent part avec elle à quelques feux sur les fuyards chinois.

Cette fusillade n'ayant pas grand intérêt, le commandant du 2e bataillon la fit cesser et le lieutenant-colonel fit reprendre la marche à travers le faubourg de la ville de Peh-Tang, jusqu'au fort n° 2.

La traversée de l'inondation avait fait perdre du temps, de sorte que les Allemands, qui avaient passé à notre droite sur une bonne route, et qui, du reste, nous précédaient dans la colonne, avaient pu prendre de l'avance. Ils arrivèrent ainsi au fort n° 2 que la 1re ligne russe, qui s'en était emparée près d'une heure auparavant, n'avait fait que traverser, pour continuer, sans respirer, la poursuite des Chinois jusqu'au fleuve et au delà. Par l'effet de cette poursuite, les Allemands trouvèrent le fort vide. Ils y avaient hissé leur drapeau et l'occupaient à notre arrivée.

Le 3e bataillon, qui était en queue, et l'artillerie qui avait passé par la même route que les Allemands, arrivèrent au fort par la droite, peu de temps après la tête de la colonne.

Il était midi. Les troupes furent alors arrêtées et cantonnées dans la ville et aux abords du fort. Il fallut encore les faire travailler, pendant la plus grande partie de l'après-midi et de la soirée, à empêcher la propagation de l'incendie, que le bombardement avait allumé dans certains endroits de la ville. N'ayant ni pompe, ni même d'eau pour l'éteindre, on ne put qu'abattre les maisons autour des foyers pour circonscrire le feu qui, néanmoins, éclata encore de place en place pendant la nuit, menaçant de très près nos cantonnements.

Le lendemain 20, le lieutenant-colonel mit ses troupes en marche sur Tong-Ku, pour les y embarquer, à destination de leurs différentes garnisons.

Il y arriva juste à temps pour les présenter au général de division commandant en chef le corps expéditionnaire français, qui venait de débarquer et qui les passa en revue.

Le surlendemain matin, au moment du départ du lieutenant-colonel pour Tien-Tsin, l'amiral Alexéieff, commandant en chef les troupes russes et le lieutenant-général de Stackelberg l'ont fait appeler et ont bien voulu le charger de remercier et de complimenter les troupes du concours qu'elles avaient prêté aux Russes pour la journée du 20 septembre.

L'attaque des forts de Peh-Tang n'a été pour les troupes françaises, en somme, qu'une journée fatigante.

La place qui leur avait été donnée en réserve et la rapidité avec laquelle l'affaire fut menée par la première ligne russe, nous épargnèrent toute perte. Notre artillerie n'eût pas même le temps de tirer un coup de canon.

Les Russes s'étant réservé tous les dangers, la colonne française n'en a couru aucun, et, par suite, personne n'a été dans le cas de se signaler.

Un seul homme a été blessé pendant toute la journée. Cet homme, laissé à la garde des sacs, à l'endroit où nous les avions quittés pour traverser l'inondation, a été jeté en l'air par une fougasse et s'est cassé la jambe en retombant.

Le général Voyron, commandant le corps expéditionnaire français et le général Bailloud, arrivèrent à Tien-Tsin dans l'après-midi du 25 septembre.

Les derniers éléments du corps d'avant-garde français quittèrent Pékin, pour Tien-Tsin, tandis que les troupes de la 2e brigade commençaient à débarquer en rade de Takou.

Le feld-maréchal Waldersée, débarqué à Takou le 24 septembre, arriva à Tien-Tsin dans la matinée du 27 septembre.

La petite colonne que le général Frey avait détachée au nord-est de Tong-Tchéou, vers Hin-Ho-Tchang, pour surveiller les chrétientés, quitta cette région le 25 septembre et rentra à Tien-Tsin le 29.

A cette date, toutes les troupes d'infanterie et d'artillerie de marine, sauf une fraction qui attend d'être relevée aux environs de Yang-Tsoun, ont rejoint Tien-Tsin.

CONCLUSION

Dans les premiers jours d'octobre, quand toutes les troupes françaises qui avaient combattu sous Tien-Tsin, fait la marche sur Pékin et occupé la ligne d'étapes de Tien-Tsin à Pékin, furent rassemblées à Tien-Tsin pour y être remaniées;

Que la constitution du nouveau 16ᵉ régiment fut organisée,

Le général Voyron, commandant en chef, voulut, avant de voir s'embarquer les troupes d'avant-garde, les unes pour la France (blessés, éclopés, rapatriables pour fin de séjour), les autres pour le Tonkin ou la Cochinchine,

Remettre solennellement aux troupes du 16ᵉ régiment le drapeau qui, à peine tissé, cachait déjà dans ses plis une large moisson de gloire.

La garnison française de Tien-Tsin fut conviée à cette grande et touchante cérémonie. La pensée des anciens du 16ᵉ se reporta ce jour-là sur les camarades morts au champ d'honneur.

La population civile de Tien-Tsin, qui avait vécu, dans cette ville ou à Pékin, les longues et tristes journées d'un siège mémorable, ne manqua pas d'acclamer cette phalange de braves marsouins, mal vêtus, dont la majeure partie défila en tenue de route (effets et chaussures étaient usés jusqu'à la corde).

Mais que de gloire en cette pauvreté et avec quelle

fierté ils étalèrent leur misère physique et saluèrent leur drapeau.

Comme ces soldats harassés, mutilés, anémiés, qui, si allègres pourtant, assistaient à cette cérémonie, la population civile éprouvait aussi un légitime orgueil.

A cette heure où revivaient les souvenirs des péripéties traversées, des sacrifices consentis, pouvaient-ils, ces volontaires rendus à la vie ordinaire, empêcher leur cœur de battre à l'unisson de celui de ces quelques centaines de braves avec lesquels ils avaient vécu les mauvais jours et souvent partagé le danger? Non. Ils ne se firent donc pas faute d'acclamer bien haut leurs petits marsouins.

Car cette fête du drapeau du 16e régiment, sur les trois couleurs duquel allait briller en lettres d'or le nom de Tien-Tsin, était la fête de tous, troupes et population civile de volontaires qui, durant cette campagne, avaient vécu côte à côte depuis la fin mai jusqu'à la prise des forts de Peh-Tang, le 20 septembre 1900, date qui marque la fin des opérations militaires réelles en Chine.

Les termes chaleureux avec lesquels le général en chef des troupes françaises remit, au nom de la France, le drapeau aux vieilles troupes du 16e régiment d'infanterie de marine, dont il allait se séparer à regret, resteront gravés dans la mémoire de ceux qui assistèrent à cette inoubliable cérémonie.

Ce haut témoignage de satisfaction à l'adresse des armes d'infanterie et d'artillerie de marine, qui venaient d'ajouter une nouvelle page glorieuse à leur livre d'or, fut une digne récompense en même temps que le couronnement de cette série de combats, de marches, de sièges, qui caractérisent la vraie campagne de Chine, à laquelle prirent part d'une manière si éclatante les troupes de débarquement (de marine) et celles de l'infanterie et de l'artillerie de la marine.

Les troupes de la 2e brigade, arrivées après les opérations effectives, auront la noble mission d'assurer, de concert avec les troupes fraîches de l'infanterie de marine, la protection des habitants qui pourraient encore être inquiétés par les Chinois que les horreurs de la guerre ont ruinés, jetés dans l'affreuse misère, et qui, sans asile et sans pain, sont obligés de tenir la campagne en cette saison d'hiver et y exercer le pillage pour vivre.

Nous nous garderons bien de fermer ce modeste recueil sans dire un dernier adieu à tous les camarades et aux braves soldats qui dorment leur dernier sommeil dans la terre du Pet-Chi-Li qu'ils ont si généreusement arrosée de leur sang pour la gloire de la France et l'inaltérable renommée des troupes de la marine.

Et vous, pères et mères de famille, parents et amis que tant de deuils viennent de frapper,

Puisse ce témoignage de sincère condoléance que nous vous adressons au nom de tous nos camarades de l'ancien 16e régiment, qui ont assisté les vôtres en leur donnant le baiser d'éternel « au revoir », atténuer la douleur que vous ressentez et rendre moins cruel ce souvenir en vous rappelant que vos fils et amis sont morts en vrais soldats français, en chrétiens et en braves.

« Pro Patria. »

Ce janvier 1901, Tien-Tsin (Chine).

Tableau comparatif des effectifs des troupes françaises ayant pris part aux opérations depuis mai 1900 jusqu'au licenciement (octobre 1900).

INDICATION DES MOUVEMENTS D'EFFECTIFS.	OFFICIERS.			SOUS-OFFICIERS.	CAPORAUX et soldats.	ARTILLERIE de marine. — Troupe.	MARINS.	COCHINCHINE.		TONKIN	ARTILLERIE.		MARINS.		OBSERVATIONS.
	Marins.	Infanterie.	Artillerie de marine.					N° 2 (Feldman).	N° 3 (Roux).	n° 1 (Brenot).	Cochinchine.	Tonkin.	Pékin.	Tien-Tsin.	
Arrivée le 31 mai à Pékin....	3	»	»	»	»	»	75	»	»	»	»	»	»	»	
Arrivée le 31 mai à Tien-Tsin	6	»	»	»	»	»	(1)160	»	»	»	»	»	»	»	Troupes de débarquement de l'escadre d'Extrême-Orient.
Arrivée à Tien-Tsin le 5 juin...	»	»	»	»	»	»	50	»	»	»	»	»	»	»	
— — le 15 juin...	3	»	»	»	»	»	80	»	»	»	»	»	»	»	(1) Ont pris part à la colonne Seymour.
— — le 2 juillet.	»	16	4	33	556	157	»	605	»	»	161	»	»	»	
— — le 9 juillet.	»	18	»	33	556	»	»	»	»	607	»	»	»	»	
— — le 10 juillet.	»	11	4	»	500	160	»	»	501	»	164	»	»	»	
— — le 28 juillet.	»	»	7	»	»	200	»	»	»	»	»	207	»	»	Batterie de campagne : Dubois, capit.
— — le 10 août..	»	3	1	»	150	30	»	153	»	»	»	31	»	»	Compagnie Vincent et artilleurs.
TOTAL des troupes ayant pris part aux opérations de mai à fin septembre 1900........	12	64		66	2.309		365	1.259		607	325	238	365		
Blessés à Tien-Tsin et à Pékin.	»	9		15	150	»	25	»	»	»	»	»	»	»	
Tués à l'ennemi ou morts des suites de leurs blessures...... à Pékin...	2	1	»	»	»	»	16	»	»	»	»	»	»	»	MM. Herbier, Henry, Labrousse, Hilaire, Piquerez, lieutenants.
Tués à l'ennemi ou morts des suites de leurs blessures...... à Tien-Tsin.	»	3	»	2	41		»	»	»	»	»	»	»	»	
Décédés des suites de fatigues.	»	»	»	»	»	»	»	»	»	»	»	»	»	»	
Hospitalisés (non-valeurs). Dysentériques... Diarrhéiques.....	»	14		15	345	30	13	»	»	»	»	»	»	»	
Hospitalisés (non-valeurs). Fiévreux anémiés	»	»	»	5	8	5	2	»	»	»	»	»	»	»	
Hospitalisés (non-valeurs). Autres cas......	»	2	»	»	4	2	23	»	»	»	»	»	»	»	Colonne Seymour.
TOTAUX des pertes (ou non-valeurs)......................	2	29		37	585		79	»	»	»	»	»	»	»	
RESTE comme valides aux premiers jours d'octobre (licenciement).................	10	35		29	1.724		286	»	»	»	»	»	»	»	

TABLE DES MATIÈRES

TABLE DES GRAVURES, CARTES ET CROQUIS

Paris et Limoges. — Imp. milit. Henri Charles-Lavauzelle.

Librairie militaire Henri CHARLES-LAVAUZELLE

Paris et Limoges.

Armes portatives françaises et étrangères, par le capitaine Bataille : **France** (fusil mod. 1886 M. 93) ; **Allemagne** (fusil mod. 1888) ; **Autriche** (fusil mod. 1895) ; **Russie** (fusil mod. 1891). Chaque puissance fait l'objet d'un fascicule in-plano, tiré en deux couleurs, avec gravures dans le texte et une planche hors texte en dix couleurs. Prix du fascicule. 5 »

Guide pratique des exercices de combat et de service en campagne (3ᵉ édition). — Volume in-32 de 156 pages avec 10 croquis, cart...... » 75

Service en campagne d'une compagnie d'infanterie, par le capitaine Boschet, avec 27 croquis, cartes ou plans. — Vol. in-8° de 240 p.. 4 »

La compagnie isolée en marche et en station, avec trois croquis, par F. B. — Brochure in-8°.................................. » 50

Des éclaireurs de montagne, par H. Dunod, lieutenant de chasseurs alpins. — Brochure in-8°.................................. 1 50

Agenda de mobilisation. Infanterie (2ᵉ édition). Volume in-18 de 128 pages, relié pleine toile.................................. 2 »

Essai historique sur la tactique d'infanterie depuis l'organisation des armées permanentes jusqu'à nos jours, par le commandant Gérôme, breveté d'état-major, ancien professeur adjoint d'art et d'histoire militaire à l'Ecole spéciale de Saint-Cyr. — Volume in-8° de 468 pages, avec 77 croquis.................................. 7 50

Historique de la tactique de l'infanterie française, par V. Veynante, chef de bataillon breveté au 42ᵉ d'infanterie, 10 croquis. — Vol. in-8° de 120 pages.................................. 2 50

Cartes étrangères. Notions et signes conventionnels, par le capitaine Espérandieu, professeur de topographie et de géographie à l'Ecole militaire d'infanterie. — Volume in-8° de 140 pages.................. 4 »

Français et Allemands, étude démographique et militaire des populations actuelles de la France et de l'Allemagne, **l'Alliance franco-russe et l'Allemagne,** par le Dʳ J. Aubœuf. — Volume in-8° de 122 pages.. 2 »

Causerie sur le cheval, conférences faites aux cavaliers du 21ᵉ chasseurs par le lieutenant H. de Rochas d'Aiglun. — Br. in-8° de 78 pages.. 1 50

La stratégie et la tactique allemande au début du vingtième siècle, étude par le général Pierron. — Volume in-8° de 394 pages avec croquis dans le texte.................................. 6 »

Etude sur la tactique de ravitaillement dans les guerres coloniales, par Ned-Noll. — Volume in-8° de 156 pages.................. 2 50

De la nature de l'occupation de guerre, par le lieutenant A. Lorriot, docteur en droit. — Volume grand in-8° de 364 pages.............. 7 50

Guide pour le chef d'une petite unité d'infanterie opérant la nuit marches, avant-postes, combat, méthode d'instruction), par le capitaine breveté Niessel. — Vol. in-8° de 100 pages, 6 croquis dans le texte.. 2 »

Principes fondamentaux et tactique raisonnée du combat de nuit, par le lieutenant-colonel G. Trumelet-Faber, du 20ᵉ d'infanterie. — Brochure in-8° de 96 pages, avec 4 figures dans le texte.. .... 2 »

La tactique des Anglais après la guerre du Transvaal, d'après leurs derniers règlements (*Tactique combinée et Règlement d'infanterie*), traduction du lieutenant Le Merre, du 116ᵉ d'infanterie, détaché à l'Ecole de guerre. — Brochure in-8° de 92 pages.................. 1 50

Petit guide pour les tirs collectifs et les formations à prendre par l'infanterie, par le général Le Joindre, commandant la 36ᵉ division d'infanterie. — Volume in-32 de 92 pages, avec croquis et graphiques. 1 »

Ordres, contre-ordres, marches, contre-marches, par le commandant Renaud, chef d'escadron d'artillerie breveté. — Volume in-18 de 234 pages, avec 16 croquis.................................. 50

www.ingramcontent.com/pod-product-compliance
Ingram Content Group UK Ltd.
Pitfield, Milton Keynes, MK11 3LW, UK
UKHW012040240726
13965UKWH00003B/929